D0454853

IN OTHER WORDS

JHUMPA LAHIRI

IN OTHER WORDS

TRANSLATED FROM THE ITALIAN BY ANN GOLDSTEIN

ALFRED A. KNOPF · NEW YORK · TORONTO · 2016

THIS IS A BORZOI BOOK
PUBLISHED BY ALFRED A. KNOPF AND ALFRED A. KNOPF CANADA

TRANSLATION COPYRIGHT © 2016 BY ALFRED A. KNOPF,
A DIVISION OF PENGUIN RANDOM HOUSE LLC

COPYRIGHT © 2015 BY JHUMPA LAHIRI

ALL RIGHTS RESERVED. PUBLISHED IN THE UNITED STATES BY ALFRED A. KNOPF,
A DIVISION OF PENGUIN RANDOM HOUSE LLC, NEW YORK, AND IN CANADA BY
ALFRED A. KNOPF CANADA, A DIVISION OF PENGUIN RANDOM HOUSE CANADA
LTD., TORONTO. ORIGINAL ITALIAN TEXT PUBLISHED SEPARATELY AS
IN ALTRE PAROLE BY GUANDA, MILAN, IN 2015.

WWW.AAKNOPF.COM
WWW.PENGUINRANDOMHOUSE.CA

KNOPF, BORZOI BOOKS, AND THE COLOPHON ARE
REGISTERED TRADEMARKS OF PENGUIN RANDOM HOUSE LLC.
KNOPF CANADA AND COLOPHON ARE
TRADEMARKS OF PENGUIN RANDOM HOUSE CANADA LTD.

LIBRARY OF CONGRESS CATALOGING-IN-PUBLICATION DATA
LAHIRI, JHUMPA.
[IN ALTRE PAROLE. ENGLISH]
IN OTHER WORDS / JHUMPA LAHIRI ; TRANSLATED FROM THE ITALIAN BY
ANN GOLDSTEIN.—FIRST EDITION.
PAGES   CM
ISBN 978-1-101-87555-1 (HARDCOVER)—ISBN 978-1-101-87556-8 (EBOOK)
1. LAHIRI, JHUMPA—TRAVEL.   2. INTERLANGUAGE (LANGUAGE LEARNING)—
BIOGRAPHY.   I. GOLDSTEIN, ANN, [DATE], TRANSLATOR.   II. TITLE.
PS3562.A316Z46 2016
813'.54—DC23
[B]   2015020998

LIBRARY AND ARCHIVES CANADA CATALOGUING IN PUBLICATION
LAHIRI, JHUMPA
[IN ALTRE PAROLE. ENGLISH]
IN OTHER WORDS / JHUMPA LAHIRI ; ANN GOLDSTEIN, TRANSLATOR.
TRANSLATION OF: IN ALTRE PAROLE.
ISSUED IN PRINT AND ELECTRONIC FORMATS.
ISBN 978-0-345-81009-0
EBOOK ISBN 978-0-345-81011-3
1. LAHIRI, JHUMPA—TRAVEL.   2. INTERLANGUAGE (LANGUAGE LEARNING).
I. GOLDSTEIN, ANN, [DATE], TRANSLATOR   II. TITLE.
III. TITLE: IN ALTRE PAROLE. ENGLISH.
PS3562.A326Z4613 2016   813'.54   C2015-906407-4

FRONT-OF-JACKET PHOTOGRAPH © MARCO DELOGU
JACKET DESIGN BY CAROL DEVINE CARSON

MANUFACTURED IN THE UNITED STATES OF AMERICA
FIRST EDITION

For Paola Basirico,

Angelo De Gennaro,

and Alice Peretti

A Paola Basirico,

Angelo De Gennaro,

e Alice Peretti

... avevo bisogno di una lingua differente: una lingua che fosse un luogo di affetto e di riflessione.

—ANTONIO TABUCCHI

. . . I needed a different language: a language that was a place of affection and reflection.

—ANTONIO TABUCCHI

INDICE

CONTENTS

❦

AUTHOR'S NOTE

R eaders may ask why I chose not to translate this book myself from Italian into English. I explain my motivation, in part, in the chapter called "The Hairy Adolescent." There I describe the surprising difficulty of translating from Italian, a language in which I had only begun to express myself creatively, into English, the language of my previous books. I was reluctant to move back and forth between the two. My impulse at the time was to protect my Italian. Returning to English was disorienting, frustrating, also discouraging. It made me acutely aware of how limited my Italian was compared with my English. It made me question the value of the experiment I had undertaken.

My Italian is still limited compared with my English. And yet it is the sole language in which I continue to write. Apart from obligatory correspondence, I have written exclusively in Italian for more than two years now. These few words are, in fact, the first formal prose I have composed in English since my last book, *The Lowland*, was completed, in 2012.

Writing in Italian is a choice on my part, a risk that

I feel inspired to take. It requires a strict discipline that I am compelled, at the moment, to maintain. Translating the book myself would have broken that discipline; it would have meant reengaging intimately with English, wrestling with it, rather than with Italian.

In addition, had I translated this book, the temptation would have been to improve it, to make it stronger by means of my stronger language. But I wanted the translation of *In altre parole* to render my Italian honestly, without smoothing out its rough edges, without neutralizing its oddness, without manipulating its character. I instinctively felt, when I learned that the book would be published in English, that another translator, one with more experience and with greater objectivity, was best suited to perform this operation. I am therefore grateful to Ann Goldstein for bringing this book to English-language readers.

In Altre Parole

In Other Words

LA TRAVERSATA

Voglio attraversare un piccolo lago. È veramente piccolo, eppure l'altra sponda mi sembra troppo distante, oltre le mie capacità. So che il lago è molto profondo nel mezzo, e anche se so nuotare ho paura di trovarmi nell'acqua da sola, senza nessun sostegno. Si trova, il lago di cui parlo, in un luogo appartato, isolato. Per raggiungerlo si deve camminare un po', attraverso un bosco silenzioso. Dall'altra parte si vede una casetta, l'unica abitazione sulla sponda. Il lago si è formato subito dopo l'ultima glaciazione, millenni fa. L'acqua è pulita ma scura, priva di correnti, più pesante rispetto all'acqua salata. Dopo che ci si entra, ad alcuni metri dalla riva, non si vede più il fondo.

Di mattina osservo quelli che vengono al lago come me. Vedo come lo attraversano in maniera disinvolta e rilassata, come si fermano qualche minuto davanti alla casetta, poi tornano indietro. Conto le loro bracciate. Li invidio.

Per un mese nuoto in tondo, senza spingermi al largo. È una distanza molto più significativa, la circonferenza rispetto al diametro. Impiego più di mezz'ora per fare questo giro. Però sono sempre vicina alla riva. Posso fermarmi, posso

THE CROSSING

I want to cross a small lake. It really is small, and yet the other shore seems too far away, beyond my abilities. I'm aware that the lake is very deep in the middle, and even though I know how to swim I'm afraid of being alone in the water, without any support.

The lake I'm talking about is in a secluded, isolated place. To get there you have to walk a short distance, through a silent wood. On the other side you can see a cottage, the only house on the shore. The lake was formed just after the last ice age, millennia ago. The water is clear but dark, heavier than salt water, with no current. Once you're in, a few yards from the shore, you can no longer see the bottom.

In the morning I observe people coming to the lake, as I do. I watch them cross it in a confident, relaxed manner, stop for some minutes in front of the cottage, then return. I count their arm strokes. I envy them.

For a month I swim around the lake, never going too far out. This is a more significant distance—the circumference compared to the diameter. It takes me more than half an hour to make this circle. Yet I'm always close to

stare in piedi se mi stanco. Un buon esercizio, ma non certo emozionante.

Poi una mattina, verso la fine dell'estate, mi incontro lì con due amici. Ho deciso di attraversare il lago con loro, per raggiungere finalmente la casetta dall'altra parte. Sono stanca di costeggiare solamente. Conto le bracciate. So che i miei compagni sono nell'acqua con me, ma so che siamo soli. Dopo circa centocinquanta bracciate sono già in mezzo, la parte più profonda. Continuo. Dopo altre cento rivedo il fondo. Arrivo dall'altra parte, ce l'ho fatta senza problemi. Vedo la casetta, finora lontana, a due passi da me. Vedo le distanti, piccole sagome di mio marito, dei miei figli. Sembrano irraggiungibili, ma so che non lo sono. Dopo una traversata, la sponda conosciuta diventa la parte opposta: di qua diventa di là. Carica di energia, riattraverso il lago. Esulto.

Per vent'anni ho studiato la lingua italiana come se nuotassi lungo i bordi di quel lago. Sempre accanto alla mia lingua dominante, l'inglese. Sempre costeggiandola. È stato un buon esercizio. Benefico per i muscoli, per il cervello, ma non certo emozionante. Studiando una lingua straniera in questo modo, non si può affogare. L'altra lingua è sempre lì per sostenerti, per salvarti. Ma non basta galleggiare senza la possibilità di annegare, di colare a picco. Per conoscere una nuova lingua, per immergersi, si deve lasciare la sponda. Senza salvagente. Senza poter contare sulla terraferma.

Qualche settimana dopo aver attraversato il piccolo lago nascosto, faccio una seconda traversata. Molto più lunga, ma niente di faticoso. Sarà la prima vera partenza della mia vita. Questa volta in nave, attraverso l'oceano Atlantico, per vivere in Italia.

the shore. I can stop, I can stand up if I'm tired. It's good exercise, but not very exciting.

Then one morning, near the end of the summer, I meet two friends at the lake. I've decided to make the crossing with them, to finally get to the cottage on the other side. I'm tired of just going along the edge.

I count the strokes. I know that my companions are in the water with me, but I know that each of us is alone. After about a hundred and fifty strokes I'm in the middle, the deepest part. I keep going. After a hundred more I see the bottom again.

I arrive on the other side: I've made it with no trouble. I see the cottage, until now distant, just steps from me. I see the small, faraway silhouettes of my husband, my children. They seem unreachable, but I know they're not. After a crossing, the known shore becomes the opposite side: here becomes there. Charged with energy, I cross the lake again. I'm elated.

For twenty years I studied Italian as if I were swimming along the edge of that lake. Always next to my dominant language, English. Always hugging that shore. It was good exercise. Beneficial for the muscles, for the brain, but not very exciting. If you study a foreign language that way, you won't drown. The other language is always there to support you, to save you. But you can't float without the possibility of drowning, of sinking. To know a new language, to immerse yourself, you have to leave the shore. Without a life vest. Without depending on solid ground.

A few weeks after crossing the small hidden lake, I make a second crossing, much longer but not at all difficult. It will be the first true departure of my life. On a ship this time, I cross the Atlantic Ocean, to live in Italy.

IL DIZIONARIO

I l primo libro italiano che compro è un dizionario tascabile, con definizioni in inglese. Sto per andare a Firenze per la prima volta, nel 1994. Vado in una libreria a Boston, con un nome italiano: Rizzoli. Una bella libreria, raffinata, che non c'è più.

Non compro una guida turistica, anche se è la mia prima visita in Italia, anche se non conosco per niente Firenze. Grazie a un mio amico, ho già l'indirizzo di un albergo. Sono una studentessa, ho pochi soldi. Credo che un dizionario sia più importante.

Quello che scelgo ha una copertina di plastica, verde, indistruttibile, impermeabile. È leggero, più piccolo della mia mano. Ha più o meno le stesse dimensioni di una saponetta. Sul retro c'è scritto che contiene circa quarantamila parole italiane.

Quando, gironzolando per gli Uffizi, tra le gallerie quasi deserte, mia sorella si accorge di aver perso il suo cappello, apro il dizionario. Vado alla parte inglese, per apprendere come si dice cappello in italiano. In qualche modo, sicuramente sbagliato, dico a una guardia che abbiamo perso un

THE DICTIONARY

T he first Italian book I buy is a pocket dictionary, with the definitions in English. It's 1994, and I'm about to go to Florence for the first time, with my sister. I go to a bookshop in Boston with an Italian name: Rizzoli. A stylish, refined bookshop, which is no longer there.

I don't buy a guidebook, even though it's my first trip to Italy, even though I know nothing about Florence. Thanks to a friend of mine, I already have the address of a hotel. I'm a student, I don't have much money. I think a dictionary is more important.

The one I choose has a green plastic cover, indestructible, impermeable. It's light, smaller than my hand. It has more or less the dimensions of a bar of soap. The back cover says that it contains around forty thousand Italian words.

As we're wandering through the Uffizi, amid galleries that are almost deserted, my sister realizes that she's lost her hat. I open the dictionary. I go to the English-Italian part, to find out how to say "hat" in Italian. In some way, certainly incorrect, I tell a guard that we've lost a hat.

cappello. Miracolosamente, capisce quello che dico, ed entro breve il cappello è ritrovato.

Da allora, per molti anni, ogni volta che vado in Italia, porto questo dizionario con me. Lo metto sempre in borsa. Cerco le parole quando sono per strada, quando torno in albergo dopo un giro, quando provo a leggere un articolo sul giornale. Mi guida, mi protegge, mi spiega tutto. Diventa sia una mappa che una bussola, senza la quale so che sarei smarrita. Diventa una specie di genitore, autorevole, senza il quale non posso uscire. Lo ritengo un testo sacro, pieno di segreti, di rivelazioni.

Sulla prima pagina, a un certo punto, scrivo: «provare a = cercare di».

Questo frammento casuale, questa equazione lessicale, può essere una metafora dell'amore che provo per l'italiano. Una cosa che, alla fine, non è altro che un ostinato tentativo, una prova continua.

Quasi vent'anni dopo aver comprato il primo dizionario, decido di trasferirmi a Roma per una lunga permanenza. Prima di partire, chiedo a un mio amico, che ha vissuto lì per parecchi anni, se mi serve un dizionario elettronico in italiano, tipo un'app per il cellulare, per cercare una parola in qualsiasi momento.

Ride. Mi dice: «Tra poco abiterai dentro un dizionario italiano».

Ha ragione. Dopo un paio di mesi a Roma, pian piano mi rendo conto di non controllare il dizionario tanto spesso. Quando esco, tende a restare in borsa, chiuso. Di conseguenza comincio a lasciarlo a casa. Mi accorgo di una svolta. Di un senso di libertà, e al contempo di perdita. Di esser cresciuta, almeno un po'.

Miraculously, he understands what I'm saying, and in a short time the hat is recovered.

Every time I've been to Italy in the many years since, I've brought this dictionary with me. I always put it in my purse. I look up words when I'm in the street, when I return to the hotel after an outing, when I try to read an article in the newspaper. It guides me, protects me, explains everything.

It becomes both a map and a compass, and without it I know I'd be lost. It becomes a kind of authoritative parent, without whom I can't go out. I consider it a sacred text, full of secrets, of revelations.

On the first page, at a certain point, I write: *"provare a = cercare di"* (try to = seek to).

That random fragment, that lexical equation, might be a metaphor for the love I feel for Italian. Something that, in the end, is really a stubborn attempt, a continuous trial.

Nearly twenty years after buying my first dictionary, I decide to move to Rome for an extended stay. Before leaving, I ask a friend of mine, who lived in Rome for many years, if an electronic Italian dictionary, like a cell phone app, would be useful, for looking up a word at any moment.

He laughs. He says, "Soon you'll be living inside an Italian dictionary."

He's right. Slowly, after a couple of months in Rome, I realize that I don't check the dictionary so often. When I go out, it tends to stay in my purse, closed. As a result I start leaving it at home. I'm aware of a turning point. A sense of freedom and, at the same time, of loss. Of having grown up, at least a little.

Oggi ho tanti altri dizionari sulla mia scrivania, più grandi, corposi. Ne ho due monolingue, senza alcun termine inglese. Ormai la copertina di quello piccolino appare un po' sbiadita, un po' sporca. Le pagine sono ingiallite. Alcune si stanno staccando dalla rilegatura.

Resta, di solito, sul comodino, così posso controllare facilmente una parola sconosciuta mentre leggo. Questo libro mi permette di leggerne altri, di aprire la porta di una nuova lingua. Mi accompagna, ancora adesso, quando vado in vacanza, durante i viaggi. È diventato una necessità. Se per caso, quando parto, dimentico di portarlo con me, mi sento un po' a disagio, così come mi sentirei se dimenticassi lo spazzolino da denti o un paio di calze di ricambio.

Ormai quel dizionarietto sembra più un fratello che un genitore. Eppure mi serve, mi guida ancora. Rimane pieno di segreti. Rimane sempre, questo piccolo libro, più grande di me.

Today I have many other larger, more substantial dictionaries on my desk. Two of them are monolingual, without a word of English. The cover of the small one seems a little faded by now, a little dirty. The pages are yellowed. Some are coming loose from the binding. It usually sits on the night table, so that I can easily look up an unknown word while I'm reading. This book allows me to read other books, to open the door of a new language. It accompanies me, even now, when I go on vacation, on trips. It has become a necessity. If, when I leave, I forget to take it with me, I feel slightly uneasy, as if I'd forgotten my toothbrush or a change of socks.

By now this small dictionary seems more like a brother than like a parent. And yet it's still useful to me, it still guides me. It remains full of secrets. This little book will always be bigger than I am.

IL COLPO DI FULMINE

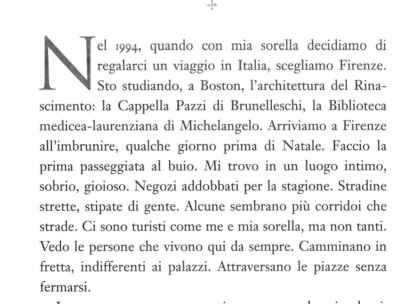

Nel 1994, quando con mia sorella decidiamo di regalarci un viaggio in Italia, scegliamo Firenze. Sto studiando, a Boston, l'architettura del Rinascimento: la Cappella Pazzi di Brunelleschi, la Biblioteca medicea-laurenziana di Michelangelo. Arriviamo a Firenze all'imbrunire, qualche giorno prima di Natale. Faccio la prima passeggiata al buio. Mi trovo in un luogo intimo, sobrio, gioioso. Negozi addobbati per la stagione. Stradine strette, stipate di gente. Alcune sembrano più corridoi che strade. Ci sono turisti come me e mia sorella, ma non tanti. Vedo le persone che vivono qui da sempre. Camminano in fretta, indifferenti ai palazzi. Attraversano le piazze senza fermarsi.

Io sono venuta per una settimana, per vedere i palazzi, per ammirare le piazze, le chiese. Ma dall'inizio il mio rapporto con l'Italia è tanto uditivo quanto visuale. Benché ci siano poche macchine, la città ronza. Mi rendo conto di un rumore che mi piace, delle conversazioni, delle frasi, delle parole che sento ovunque vada. Come se tutta la città fosse un teatro che ospita un pubblico leggermente inquieto, che chiacchiera, prima dell'inizio di uno spettacolo.

LOVE AT FIRST SIGHT

In 1994, my sister and I decide to give ourselves a
trip to Italy as a present, and we choose Florence.
I'm in Boston, studying Renaissance architecture:
Brunelleschi's Pazzi Chapel, the Laurentian Library
of Michelangelo. We arrive in Florence at dusk, a few
days before Christmas. My first walk is in the dark.
I'm in an intimate, sober, joyful place. Shops decorated
for the season. Narrow, crowded streets, some more
like corridors than like streets. There are tourists like
my sister and me, but not many. I see the people
who have lived here forever. They walk quickly, indifferent to the buildings. They cross the squares without
stopping.

I've come for a week, to see the buildings, to admire
the squares, the churches. But from the start my relationship with Italy is as auditory as it is visual. Although
there aren't many cars, the city is humming. I'm aware of
a sound that I like, of conversations, phrases, words that
I hear wherever I go. As if the whole city were a theater
in which a slightly restless audience is chatting before the
show begins.

Sento l'eccitazione con cui i bambini si augurano buon Natale per la strada. Sento una mattina all'albergo la tenerezza con cui la donna che pulisce la camera mi chiede: *Avete dormito bene?* Quando un signore dietro di me vorrebbe passare sul marciapiede, sento la lieve impazienza con cui mi domanda: *Permesso?*

Non riesco a rispondere. Non sono capace di avere nessun dialogo. Ascolto. Quello che sento, nei negozi, nei ristoranti, desta una reazione istantanea, intensa, paradossale. L'italiano sembra già dentro di me e, al tempo stesso, del tutto esterno. Non sembra una lingua straniera, benché io sappia che lo è. Sembra, per quanto possa apparire strano, familiare. Riconosco qualche cosa, nonostante non capisca quasi nulla.

Cosa riconosco? È bella, certo, ma non c'entra la bellezza. Sembra una lingua con cui devo avere una relazione. Sembra una persona che incontro un giorno per caso, con cui sento subito un legame, un affetto. Come se la conoscessi da anni, anche se c'è ancora tutto da scoprire. So che sarei insoddisfatta, incompleta, se non la imparassi. Mi rendo conto che esiste uno spazio dentro di me per farla stare comoda.

Sento una connessione insieme a un distacco. Una vicinanza insieme a una lontananza. Quello che provo è qualcosa di fisico, di inspiegabile. Suscita una smania indiscreta, assurda. Una tensione squisita. Un colpo di fulmine.

Trascorro la settimana a Firenze a due passi dalla casa di Dante. Un giorno, vado a vedere la piccola chiesa, Santa Margherita dei Cerchi, dove si trova la tomba di Beatrice. L'amata, l'ispirazione del poeta, sempre irraggiungibile. Un amore inappagato, segnato dalla distanza, dal silenzio.

I hear the excitement of children wishing each other *buon Natale*—merry Christmas—on the street. I hear the tenderness with which, one morning at the hotel, the woman who cleans the room asks me: *Avete dormito bene?* Did you sleep well? When a man behind me on the sidewalk wants to pass, I hear the slight impatience with which he asks: *Permesso?* May I?

I can't answer. I'm not able to have a dialogue. I listen. What I hear, in the shops, in the restaurants, arouses an instantaneous, intense, paradoxical reaction. It's as if Italian were already inside me and, at the same time, completely external. It doesn't seem like a foreign language, although I know it is. It seems strangely familiar. I recognize something, in spite of the fact that I understand almost nothing.

What do I recognize? It's beautiful, certainly, but beauty doesn't enter into it. It seems like a language with which I have to have a relationship. It's like a person met one day by chance, with whom I immediately feel a connection, of whom I feel fond. As if I had known it for years, even though there is still everything to discover. I would be unsatisfied, incomplete, if I didn't learn it. I realize that there is a space inside me to welcome it.

I feel a connection and at the same time a detachment. A closeness and at the same time a distance. What I feel is something physical, inexplicable. It stirs an indiscreet, absurd longing. An exquisite tension. Love at first sight.

I spend the week in Florence very near Dante's house. One day, I visit the small church of Santa Margherita dei Cerchi, where Beatrice's tomb is. The beloved, the poet's inspiration, forever unattainable. An unfulfilled love marked by distance, by silence.

Non avrei un vero bisogno di conoscere questa lingua. Non vivo in Italia, non ho amici italiani. Ho solo il desiderio. Ma alla fine un desiderio non è altro che un bisogno folle. Come in tanti rapporti passionali, la mia infatuazione diventerà una devozione, un'ossessione. Ci sarà sempre qualcosa di squilibrato, di non corrisposto. Mi sono innamorata, ma ciò che amo resta indifferente. La lingua non avrà mai bisogno di me.

Alla fine della settimana, dopo aver visto tanti palazzi, tanti affreschi, torno in America. Porto con me delle cartoline, dei regalini, per ricordare il viaggio. Eppure il ricordo più chiaro, più vivo, è qualcosa di immateriale. Quando penso all'Italia, sento di nuovo certe parole, certe frasi. Sento la loro mancanza. Questa mancanza mi spinge, pian piano, a imparare la lingua. Mi sento sia incalzata dal desiderio sia esitante, timida. Chiedo all'italiano, con una lieve impazienza: *Permesso?*

I don't have a real need to know this language. I don't live in Italy, I don't have Italian friends. I have only the desire. Yet ultimately a desire is nothing but a crazy need. As in many passionate relationships, my infatuation will become a devotion, an obsession. There will always be something unbalanced, unrequited. I'm in love, but what I love remains indifferent. The language will never need me.

At the end of the week, having seen many palazzi, many frescoes, I return to America. I bring with me postcards, little gifts, souvenirs of the trip. And yet the clearest, most vivid memory is something immaterial. When I think of Italy, I hear certain words again, certain phrases. I miss them. And missing them pushes me, slowly, to learn the language. I am impelled by desire and, at the same time, hesitant, timid. I ask of Italian, with a slight impatience: *Permesso?* May I?

L'ESILIO

L a mia relazione con l'italiano si svolge in esilio, in uno
stato di separazione.
Ogni lingua appartiene a un luogo specifico. Può
migrare, può diffondersi. Ma di solito è legata a un territorio
geografico, un Paese. L'italiano appartiene soprattutto all'I-
talia, mentre io vivo in un altro continente, dove non lo si
può incontrare facilmente.

Penso a Dante, che attese per nove anni prima di parlare
con Beatrice. Penso a Ovidio, bandito da Roma in un luogo
remoto. In un avamposto linguistico, circondato da suoni
alieni.

Penso a mia madre, che scrive poesie in bengalese, in
America. Lei non può trovare, perfino quasi cinquant'anni
dopo che vi si è trasferita, un libro scritto nella sua lingua.

In un certo senso mi sono abituata a una specie di esilio
linguistico. La mia lingua madre, il bengalese, in America è
straniera. Quando si vive in un Paese in cui la propria lingua
è considerata straniera, si può provare un senso di straniamento continuo. Si parla una lingua segreta, ignota, priva di
corrispondenze con l'ambiente. Una mancanza che crea una
distanza dentro di sé.

EXILE

꧁

My relationship with Italian takes place in exile, in a state of separation.

Every language belongs to a specific place. It can migrate, it can spread. But usually it's tied to a geographical territory, a country. Italian belongs mainly to Italy, and I live on another continent, where one does not readily encounter it.

I think of Dante, who waited nine years before speaking to Beatrice. I think of Ovid, exiled from Rome to a remote place. To a linguistic outpost, surrounded by alien sounds.

I think of my mother, who writes poems in Bengali, in America. Almost fifty years after moving there, she can't find a book written in her language.

In a sense I'm used to a kind of linguistic exile. My mother tongue, Bengali, is foreign in America. When you live in a country where your own language is considered foreign, you can feel a continuous sense of estrangement. You speak a secret, unknown language, lacking any correspondence to the environment. An absence that creates a distance within you.

Nel mio caso c'è un'altra distanza, un altro scisma. Non conosco il bengalese alla perfezione. Non so leggerlo, neanche scriverlo. Parlo con un accento, senza autorità, per cui ho sempre percepito una sconnessura tra me ed esso. Di conseguenza ritengo che la mia lingua madre sia anche, paradossalmente, una lingua straniera.

In quanto all'italiano, l'esilio ha un aspetto diverso. Non appena ci siamo conosciuti, io e l'italiano ci siamo allontanati. La mia nostalgia sembra una sciocchezza. Eppure, la sento.

Com'è possibile, sentirmi esiliata da una lingua che non è la mia? Che non conosco? Forse perché io sono una scrittrice che non appartiene del tutto a nessuna lingua.

Compro un libro. S'intitola *Teach Yourself Italian*. Un titolo esortativo, pieno di speranza, di possibilità. Come se fosse possibile imparare da soli.

Avendo studiato il latino per molti anni, trovo i primi capitoli di questo manuale abbastanza facili. Riesco a memorizzare qualche coniugazione, a fare gli esercizi. Ma non mi piace il silenzio, l'isolamento del processo autodidattico. Sembra distaccato, sbagliato. Come se studiassi il funzionamento di uno strumento musicale, senza mai suonarlo.

Decido, all'università, di scrivere la mia tesi di dottorato sull'influenza dell'architettura italiana su alcuni drammaturghi inglesi del diciassettesimo secolo. Mi chiedo la ragione per cui certi drammaturghi abbiano deciso di ambientare le loro tragedie, scritte in inglese, nei palazzi italiani. La tesi parlerà di un altro scisma tra la lingua e l'ambiente. L'argomento mi dà un secondo motivo per studiare l'italiano.

Frequento corsi elementari. La prima insegnante è una signora milanese che vive a Boston. Faccio i compiti, supero

In my case there is another distance, another schism. I don't know Bengali perfectly. I don't know how to read it, or even write it. I have an accent, I speak without authority, and so I've always perceived a disjunction between it and me. As a result I consider my mother tongue, paradoxically, a foreign language, too.

As for Italian, the exile has a different aspect. Almost as soon as we met, Italian and I were separated. My yearning seems foolish. And yet I feel it.

How is it possible to feel exiled from a language that isn't mine? That I don't know? Maybe because I'm a writer who doesn't belong completely to any language.

I buy a book. It's called *Teach Yourself Italian*. An exhortatory title, full of hope and possibility. As if it were possible to learn on your own.

Having studied Latin for many years, I find the first chapters of this textbook fairly easy. I manage to memorize some conjugations, do some exercises. But I don't like the silence, the isolation of the self-teaching process. It seems detached, wrong. As if I were studying a musical instrument without ever playing it.

At the university, I decide to write my doctoral thesis on how Italian architecture influenced English playwrights of the seventeenth century. I wonder why certain playwrights decided to set their tragedies, written in English, in Italian palaces. The thesis will discuss another schism between language and environment. The subject gives me a second reason to study Italian.

I attend elementary courses. My first teacher is a Milanese woman who lives in Boston. I do the homework, I pass the tests. But when, after two years of studying, I try

gli esami. Ma quando provo a leggere *La ciociara* di Moravia, dopo due anni di studi, la capisco a malapena. Sottolineo quasi ogni parola su ogni pagina. Devo controllare continuamente il dizionario.

Nella primavera del 2000 vado a Venezia, quasi sei anni dopo il mio viaggio a Firenze. Porto con me, oltre al dizionario, un taccuino in cui prendo, sull'ultima pagina, appunti che potrebbero essere utili: *Saprebbe dirmi? Dove si trova? Come si fa per andare?* Mi ricordo la differenza tra *buono* e *bello*. Mi sento preparata. In realtà, a Venezia, riesco appena a chiedere un'indicazione per la strada, una sveglia all'albergo. Riesco a ordinare in un ristorante e scambiare due parole con una commessa. Nulla di più. Nonostante sia tornata in Italia, mi sento ancora esiliata dalla lingua.

Qualche mese dopo ricevo un invito al Festival della letteratura di Mantova. Lì incontro i miei primi editori italiani. Una di loro è, inoltre, la mia traduttrice. La casa editrice ha un nome spagnolo, Marcos y Marcos. Loro sono italiani. Si chiamano Marco e Claudia.

Devo fare tutte le interviste, le mie presentazioni, in inglese. C'è sempre un interprete accanto a me. Seguo più o meno l'italiano, ma non riesco a esprimermi, spiegarmi, senza l'inglese. Mi sento limitata. Non è sufficiente ciò che ho imparato in America, in aula. La mia comprensione è talmente scarna che, qui in Italia, non mi aiuta. La lingua sembra, tuttora, un cancello chiuso. Sono sulla soglia, vedo all'interno, ma il cancello non si apre.

Marco e Claudia mi danno la chiave. Quando menziono di aver studiato un po' d'italiano, e che vorrei migliorarlo, smettono di parlare con me in inglese. Passano alla loro lingua, benché io riesca a rispondere solo in modo semplicis-

to read Alberto Moravia's novel *La ciociara* (*Two Women*), I barely understand it. I underline almost every word on every page. I am constantly looking in the dictionary.

In the spring of 2000, six years after my trip to Florence, I go to Venice. In addition to the dictionary, I take a notebook, and on the last page I write down phrases that might be useful: *Saprebbe dirmi? Dove si trova? Come si fa per andare?* Could you tell me? Where is? How does one get to? I recall the difference between *buono* and *bello*. I feel prepared. In reality, in Venice I'm barely able to ask for directions on the street, a wake-up call at the hotel. I manage to order in a restaurant and exchange a few words with a saleswoman. Nothing else. Even though I've returned to Italy, I still feel exiled from the language.

A few months later I receive an invitation to the Mantua literary festival. There I meet my first Italian publishers. One of them is also my translator. Their publishing house has a Spanish name, Marcos y Marcos. They are Italian. Their names are Marco and Claudia.

I have to do all my interviews and presentations in English. There is always an interpreter next to me. I can more or less follow the Italian, but I can't express myself, explain myself, without English. I feel limited. What I learned in America, in the classroom, isn't sufficient. My comprehension is so meager that, here in Italy, it doesn't help me. The language still seems like a locked gate. I'm on the threshold, I can see inside, but the gate won't open.

Marco and Claudia give me the key. When I mention that I've studied some Italian, and that I would like to improve it, they stop speaking to me in English. They switch to their language, although I'm able to respond

simo. Malgrado tutti i miei errori, malgrado io non capisca completamente quello che dicono. Malgrado il fatto che loro parlano inglese molto meglio di quanto io parli italiano. Loro tollerano i miei sbagli. Mi correggono, mi incoraggiano, mi forniscono le parole che mi mancano. Parlano con chiarezza, con pazienza. Così come i genitori con i loro bambini. Come si impara la lingua madre. Mi rendo conto di non aver imparato l'inglese in questa maniera.

Claudia e Marco, che hanno tradotto e pubblicato il mio primo libro in italiano, e che mi ospitano in Italia per la prima volta da scrittrice, mi regalano questa svolta. Grazie a loro, a Mantova, mi trovo finalmente dentro la lingua.

Perché alla fine per imparare una lingua, per sentirsi legati a essa, bisogna avere un dialogo, per quanto infantile, per quanto imperfetto.

only in a very simple way. In spite of all my mistakes, in spite of my not completely understanding what they say. In spite of the fact that they speak English much better than I speak Italian.

They tolerate my mistakes. They correct me, they encourage me, they provide the words I lack. They speak clearly, patiently. Just like parents with their children. The way one learns one's native language. I realize that I didn't learn English in this fashion.

Claudia and Marco, who translated and published my first book in Italian, and who were my hosts the first time I went to Italy as a writer, give me this turning point. In Mantua, thanks to them, I finally find myself inside the language. Because in the end to learn a language, to feel connected to it, you have to have a dialogue, however childlike, however imperfect.

LE CONVERSAZIONI

Tornata in America, voglio continuare a parlare italiano. Ma con chi? Conosco alcune persone a New York che lo sanno alla perfezione. Mi vergogno a parlare con loro. Mi serve qualcuno con cui posso stentare, posso fallire.

Un giorno vado alla New York University, all'istituto d'italiano, per intervistare una celebre scrittrice romana che ha vinto il premio Strega. Mi trovo in una sala strapiena, in cui tutti parlano un italiano impeccabile tranne me.

Mi accoglie il direttore. Gli dico che avrei voluto fare l'intervista in italiano. Che ho studiato la lingua anni fa, ma non riesco a parlare bene.

«Bisogno praticare» gli dico.

«Hai bisogno di pratica» mi risponde gentilmente.

Nel 2004 mio marito mi dà una cosa. Un pezzettino di carta strappato da un annuncio, visto per caso, per strada, nel nostro quartiere a Brooklyn. C'è scritto: «Imparare l'italiano». Lo considero un segnale. Chiamo il numero, fisso un appuntamento. Arriva a casa mia una donna simpatica, energica, anche lei di origine milanese. Insegna ai bambini in una scuola privata, abita in periferia. Mi chiede come mai io voglia imparare la lingua.

THE CONVERSATIONS

❦

Returning to America, I want to go on speaking Italian. But with whom? I know some people in New York who speak it perfectly. I'm embarrassed to talk to them. I need someone with whom I can struggle, and fail.

One day I go to the Casa Italiana at New York University to interview a famous Roman writer, a woman, who has won the Strega Prize. I am in an overcrowded room, where everyone but me speaks an impeccable Italian.

The director of the institute greets me. I tell him I would have liked to do the interview in Italian. That I studied the language years ago but I can't speak well.

"Need practicing," I say.

"You need practice," he answers kindly.

In 2004 my husband gives me something. A piece of paper torn from a notice that he happened to see in our neighborhood, in Brooklyn. On it is written *"Imparare l'italiano,"* "Learn Italian." I consider it a sign. I call the number, make an appointment. A likable, energetic woman, also from Milan, arrives at my house. She teaches in a private school, she lives in the suburbs. She asks me why I want to learn the language.

Spiego che andrò, in estate, a Roma, per partecipare a un altro festival letterario. Sembra un motivo ragionevole. Non rivelo che l'italiano è un mio estro. Che covo una speranza – anzi, il sogno – di conoscerlo bene. Non faccio capire che sto cercando un modo per tener viva una lingua che non c'entra con la mia vita. Che mi angoscio, che mi sento incompleta. Come se l'italiano fosse un libro che non riesco, per quanto lavori, a realizzare.

Ci vediamo una volta alla settimana, per un'oretta. Sono incinta di mia figlia, che nascerà a novembre. Provo a fare due chiacchiere. Alla conclusione di ogni lezione, lei mi dà una lunga lista di parole che mi mancavano durante la conversazione. La ripasso assiduamente. La metto in una cartella. Non riesco a ricordarmele.

Al festival di Roma riesco a scambiare tre, quattro, magari cinque frasi con qualcuno. Dopodiché mi fermo; non mi è possibile fare di più. Conto le frasi, come se fossero i colpi durante una partita di tennis, come se fossero le bracciate quando si impara a nuotare.

Torniamo alla metafora del lago, quello che voglio attraversare. Ora posso camminare nell'acqua, fino al ginocchio, fino alla vita. Ma devo ancora poggiare i piedi sul fondo. Appunto, sono costretta a fare ciò che fanno quelli che non sanno nuotare.

Nonostante le conversazioni, la lingua resta un elemento sfuggente, evanescente. Compare solo grazie all'insegnante. Lei la rende presente a casa mia per un'ora, poi la porta via. Sembra concreta, palpabile, solo quando sono insieme a lei.

Nasce mia figlia, passano altri quattro anni. Porto a termine un altro libro. Dopo la pubblicazione nel 2008, ricevo un altro invito in Italia, per promuoverlo. Per prepararmi

I explain that I'm going to Rome in the summer to take part in another literary festival. It seems like a reasonable motivation. I don't reveal that Italian is a fancy of mine. That I nurture a hope—in fact a dream—of knowing it well. I don't tell her that I'm looking for a way to keep alive a language that has nothing to do with my life. That I am tortured, that I feel incomplete. As if Italian were a book that, no matter how hard I work, I can't write.

We meet once a week, for an hour. I'm pregnant with my daughter, who will be born in November. I try to have a conversation. At the end of every lesson, the teacher gives me a long list of words that I lacked during the conversation. I review it diligently. I put it in a folder. I can't remember them.

At the festival in Rome I manage to exchange three, four, maybe five sentences with someone. After that I stop; it's impossible to do more. I count the sentences, as if they were strokes in a tennis game, as if they were strokes when you're learning to swim.

Let's go back to the metaphor of the lake, the one I wanted to cross. Now I can walk into the water, up to my knees, up to my waist. But I still have to keep my feet on the bottom. That's just it, I'm forced to act like someone who doesn't know how to swim.

In spite of the conversations, the language remains elusive, evanescent. It appears only with the teacher. She brings it into my house for an hour, then takes it away. It seems concrete, palpable, only when I'm with her.

My daughter is born, and four more years go by. I finish another book. After its publication, in 2008, I receive another invitation to Italy, to promote it. In preparation

trovo una nuova insegnante. Una giovane entusiasta, premurosa, di Bergamo. Anche lei viene una volta alla settimana da me. Parliamo sul divano, una accanto all'altra. Facciamo amicizia. La mia comprensione migliora sporadicamente. L'insegnante mi incoraggia molto, mi dice che parlo bene la lingua, dice che in Italia ce la farò. Ma non è vero. Quando vado a Milano, quando provo a parlare in modo intelligente, in modo scorrevole, mi rendo sempre conto degli sbagli che mi impacciano, che mi confondono, e mi sento avvilita più che mai.

Nel 2009 inizio a studiare con la terza insegnante privata. Una signora veneziana che si è trasferita a Brooklyn più di trent'anni fa, che ha cresciuto i suoi figli in America. Vedova, abita con un cane mansueto, sempre ai suoi piedi, in una casa circondata dal glicine, vicina al ponte di Verrazzano. Ci metto quasi un'ora per raggiungerla. Prendo la metropolitana fino al confine di Brooklyn, quasi al capolinea.

Amo questo viaggio. Esco da casa, lascio alle spalle il resto della mia vita. Non penso alla mia scrittura. Dimentico, per qualche ora, le altre lingue che conosco. Sembra, ogni volta, una piccola fuga. Mi aspetta un luogo in cui conta solo l'italiano. Un riparo da cui si sprigiona una nuova realtà.

Sono molto affezionata alla mia insegnante. Sebbene per quattro anni ci diamo del lei, abbiamo un rapporto stretto, familiare. Sediamo al suo piccolo tavolo, su una panca di legno in cucina. Vedo i suoi libri sugli scaffali, le foto dei suoi nipotini. Magnifiche pentole di ottone appese alle pareti. Ricomincio, a casa sua, da capo: il periodo ipotetico, il discorso indiretto, l'uso della forma passiva.

I find a new teacher. An enthusiastic, attentive young woman from Bergamo. She, too, comes to my house once a week. We sit next to each other on the couch and talk. We become friends. My comprehension improves sporadically. The teacher is very encouraging, she says I speak the language well, she says I'll do fine in Italy. But it's not true. When I go to Milan, when I try to speak intelligently, fluently, I am always aware of the mistakes that hamper me, that confuse me, and I feel more discouraged than ever.

In 2009 I start studying with my third private teacher. A Venetian woman who moved to Brooklyn more than thirty years ago, who brought up her children in America. She's a widow, and lives in a house surrounded by wisteria, near the Verrazano Bridge, with a gentle dog that's always at her feet. It takes me nearly an hour to get there. I ride the subway to the edge of Brooklyn, almost to the end of the line.

I love this trip. I go out of the house, leaving behind the rest of my life. I don't think about my writing. I forget, for several hours, the other languages I know. Each time, it seems like a small flight. Awaiting me is a place where only Italian matters. A shelter from which a new reality springs forth.

I am very fond of my teacher. Although for four years we use the formal *lei*, we have a close, informal relationship. We sit on a wooden bench at a small table in the kitchen. I see the books on her shelves, the photographs of her grandchildren. Magnificent brass pots hang on the walls. At her house, I start again, from the beginning: conditional clauses, indirect discourse, the use of the

Con lei il mio progetto sembra più possibile che impossibile. Con lei la mia strana dedizione alla lingua sembra più una vocazione che una sciocchezza.

Parliamo delle nostre vite, dello stato del mondo. Facciamo una valanga di esercizi, aridi ma necessari. L'insegnante mi corregge continuamente. Ascoltandola, prendo appunti su un taccuino. Dopo le lezioni mi sento sia spossata sia già pronta per la prossima. Dopo averla salutata, dopo aver chiuso il cancello dietro di me, non vedo l'ora di tornare.

A un certo punto le lezioni con l'insegnante veneziana diventano il mio impegno preferito. Studiando con lei, diventa chiaro il prossimo passo inevitabile in questo mio strambo viaggio linguistico. A un certo punto, decido di trasferirmi in Italia.

passive. With her my project seems more possible than impossible. With her my strange devotion to the language seems more a vocation than a folly.

We talk about our lives, about the state of the world. We do an avalanche of exercises, arid but necessary. The teacher corrects me constantly. As I listen to her, I take notes in a diary. After each lesson I feel both exhausted and ready for the next. After saying goodbye, after closing the gate behind me, I can't wait to return.

At a certain point the lessons with the Venetian teacher become my favorite activity. As I study with her, the next, inevitable step in this strange linguistic journey becomes clear. At a certain point, I decide to move to Italy.

LA RINUNCIA

Scelgo Roma. Una città che mi affascina fin da piccola, che mi conquista subito. La prima volta in cui ci sono stata, nel 2003, ho provato un senso di rapimento, un'affinità. Mi sembrava di conoscerla già. Sapevo, dopo solo un paio di giorni, di essere destinata a vivere lì. A Roma non ho ancora amici. Ma non ci vado per far visita a qualcuno. Vado per cambiare strada, e per raggiungere la lingua italiana. A Roma l'italiano può accompagnarmi ogni giorno, ogni minuto. Sarà sempre presente, rilevante. Cesserà di essere un interruttore da accendere talvolta, poi spegnere.

Per prepararmi, decido, sei mesi prima della partenza, di non leggere più in inglese. D'ora in poi, mi impegno a leggere soltanto in italiano. Mi sembra giusto, distaccarmi dalla mia lingua principale. La ritengo una rinuncia ufficiale. Sto per diventare un pellegrino linguistico a Roma. Credo sia necessario che mi lasci alle spalle qualcosa di familiare, di essenziale.

A un tratto tutti i miei libri non mi servono più. Sembrano oggetti qualsiasi. Sparisce l'ancora della mia vita creativa, recedono le stelle che mi guidavano. Vedo, davanti a me, una stanza nuova, vuota.

THE RENUNCIATION

I choose Rome. A city that has fascinated me since I was a child, that conquered me immediately. The first time I was there, in 2003, I felt a sense of rapture, an affinity. I seemed to know it already. After only a few days, I was sure that I was fated to live there.

I have no friends yet in Rome. But I'm not going there to visit someone. I'm going in order to change course, and to reach the Italian language. In Rome, Italian can be with me every day, every minute. It will always be present, relevant. It will stop being a light switch to turn on occasionally, and then turn off.

In preparation, I decide, six months before our departure, not to read in English anymore. From now on, I pledge to read only in Italian. It seems right, to detach myself from my principal language. I consider it an official renunciation. I'm about to become a linguistic pilgrim to Rome. I believe I have to leave behind something familiar, essential.

Suddenly none of my books are useful anymore. They seem like ordinary objects. The anchor of my creative life disappears, the stars that guided me recede. I see before me a new room, empty.

Ogni volta che posso, nello studio, sulla metropolitana, a letto prima di dormire, mi immergo nell'italiano. Entro in un altro territorio, inesplorato, lattiginoso. Una specie di esilio volontario. Sebbene mi trovi ancora in America, mi sento già altrove. Mentre leggo mi sento un'ospite, felice ma disorientata. Come lettrice non mi sento più a casa.

Leggo *Gli indifferenti* e *La noia* di Moravia. *La luna e i falò* di Pavese. Le poesie di Quasimodo, di Saba. Riesco a capire e al contempo non capire. Rinuncio alla perizia per sfidarmi. Baratto la certezza con l'incertezza.

Leggo con lentezza, con scrupolo. Con difficoltà. Ogni pagina sembra leggermente coperta dalla foschia. Gli impedimenti mi stimolano. Ogni nuova costruzione sembra una meraviglia. Ogni parola sconosciuta, un gioiello.

Faccio un elenco di termini da controllare, da imparare. *Imbambolato, sbilenco, incrinatura, capezzale. Sgangherato, scorbutico, barcollare, bisticciare.* Dopo aver terminato un libro, mi emoziono. Mi pare un'impresa. Trovo il processo più impegnativo, eppure più soddisfacente, quasi miracoloso. Non posso dare per scontata la mia capacità di farlo. Leggo come facevo da ragazzina. Così da adulta, da scrittrice, riscopro il piacere di leggere.

In questo periodo mi sento una persona divisa. La mia scrittura non è che una reazione, una risposta alla lettura. Insomma, una specie di dialogo. Le due cose sono strettamente legate, interdipendenti.

Adesso, però, scrivo in una lingua, mentre leggo esclusivamente in un'altra. Sto per ultimare un romanzo, per cui

Whenever I can, in my study, on the subway, in bed before going to sleep, I immerse myself in Italian. I enter another land, unexplored, murky. A kind of voluntary exile. Although I'm still in America, I already feel elsewhere. Reading, I feel like a guest, happy but disoriented. Reading, I no longer feel at home.

I read Moravia's *Gli indifferenti* (*The Time of Indifference*) and *La noia* (*The Empty Canvas*). Pavese's *La luna e i falò* (*The Moon and the Bonfires*). The poetry of Quasimodo, of Saba. I manage to understand and at the same time I don't understand. I renounce expertise to challenge myself. I trade certainty for uncertainty.

I read slowly, painstakingly. With difficulty. Every page seems to have a light covering of mist. The obstacles stimulate me. Every new construction seems a marvel. Every unknown word a jewel.

I make a list of terms to look up, to learn. *Imbambolato, shilenco, incrinatura, capezzale. Sgangherato, scorbutico, barcollare, bisticciare* (dazed, lopsided, crack, bedside or bolster. Unhinged, crabby, sway, bicker). After I finish a book, I'm thrilled. It seems like a feat. I find the process more demanding yet more satisfying, almost miraculous. I can't take for granted my ability to accomplish it. I read as I did when I was a girl. Thus, as an adult, as a writer, I rediscover the pleasure of reading.

In this period I feel like a divided person. My writing is nothing but a reaction, a response to reading. In other words, a kind of dialogue. The two things are closely bound, interdependent.

Now, however, I write in one language and read exclusively in another. I am about to finish a novel, so I'm nec-

sono per forza immersa nel testo. Non è possibile abbandonare l'inglese. Tuttavia, la mia lingua più forte sembra già dietro di me.

Mi viene in mente Giano bifronte. Due volti che guardano allo stesso tempo il passato e il futuro. L'antico dio della soglia, degli inizi e delle fini. Rappresenta i momenti di transizione. Veglia sui cancelli, sulle porte. Un dio solo romano, che protegge la città. Un'immagine singolare che sto per incontrare ovunque.

essarily immersed in the text. It's impossible to abandon English. Yet my stronger language already seems behind me.

I think of two-faced Janus. Two faces that look at the past and the future at once. The ancient god of the threshold, of beginnings and endings. He represents a moment of transition. He watches over gates, over doors, a god who is only Roman, who protects the city. A remarkable image that I am about to meet everywhere.

LEGGERE CON IL DIZIONARIO

Di solito quando leggo in italiano non uso il dizionario. Solo una penna per sottolineare le parole che non conosco, le frasi che mi colpiscono. Quando incontro una nuova parola viene il momento di decidere. Potrei fermarmi un attimo per impararla subito, potrei segnarla e andare avanti, oppure ignorarla. Come certi volti tra la gente che si vede ogni giorno per la strada, alcune parole, per qualche ragione, risaltano, quindi lasciano un'impressione su di me. Altre restano sullo sfondo, trascurabili.

Dopo aver finito un libro torno al testo per controllare assiduamente le parole. Mi siedo sul divano su cui sono sparsi il libro, il taccuino, alcuni dizionari, una penna. Richiede tempo, questo mio incarico zelante e rilassante. Non scrivo le definizioni in margine. Faccio un elenco sul taccuino. Prima, le definizioni erano in inglese. Ormai sono in italiano. Così creo una specie di dizionario personale, un vocabolario privato che traccia il percorso della mia lettura. Di tanto in tanto sfoglio il taccuino per ripassare le parole.

Trovo che questa lettura sia più intima, più intensa di

READING WITH A DICTIONARY

U sually when I read Italian I don't use a dictionary. Only a pen to underline the words I don't know, the sentences that strike me.

When I come upon a new word, I have to make a decision. I could stop for a moment to learn the word immediately; I could mark it and go on; or I could ignore it. Like certain faces among the people I see on the street every day, certain words, for some reason, stand out, and leave an impression on me. Others remain in the background, negligible.

After I finish a book I return to the text and diligently check the words. I sit on the sofa, with the book, the notebook, some dictionaries, a pen strewn around me. This task of mine, which is both obsessive and relaxing, takes time. I don't write the definitions in the margin. I make a list in the notebook. At first, the definitions were in English. Now they're in Italian. That way I create a kind of personal dictionary, a private vocabulary that traces the route of my reading. Occasionally I page through the notebook and review the words.

I find that reading in another language is more inti-

quella in inglese, precisamente perché io e la nuova lingua ci conosciamo da poco. Non veniamo dallo stesso posto, dalla stessa famiglia. Non siamo cresciute una accanto all'altra. Nel sangue, dentro le ossa, questa lingua non c'è. Nei confronti dell'italiano, sono attratta e al contempo intimidita. Resta un mistero, amato, impassibile. Di fronte alla mia emozione, non reagisce.

Le parole sconosciute mi ricordano che c'è tanto che non conosco in questo mondo.

Talvolta una parola può suscitare una reazione bizzarra. Un giorno, per esempio, scopro il termine *claustrale*. Posso azzardare il significato ma vorrei esserne certa. Mi trovo sul treno. Controllo il dizionario tascabile. La parola non c'è. Sono all'improvviso presa, stregata da questa parola. Voglio conoscerla subito. Finché non la capirò mi sento vagamente irrequieta. Per quanto sia un'idea irrazionale, sono convinta che scoprire cosa vuol dire possa cambiare la mia vita.

Credo che ciò che può cambiare la vita esista sempre al di fuori di noi.

Dovrei sognare un giorno, in futuro, in cui non mi serviranno più il dizionario, il taccuino, la penna? Un giorno in cui poter leggere in italiano senza gli attrezzi, così come leggo in inglese? Non dovrebbe essere l'obiettivo di tutto questo?

Penso di no. In italiano sono una lettrice più attiva, più coinvolta, anche se più inesperta. Mi piace lo sforzo. Preferisco le limitazioni. So che mi serve, in qualche modo, la mia ignoranza.

Nonostante le limitazioni, mi rendo conto di quanto l'orizzonte sia sconfinato. Leggere in un'altra lingua implica uno stato perpetuo di crescita, di possibilità. So che il mio lavoro, da apprendista, non finirà mai.

mate, more intense than reading in English, because the language and I have been acquainted for only a short time. We don't come from the same place, from the same family. We didn't grow up with one another. This language is not in my blood, in my bones. I'm drawn to Italian and at the same time intimidated. It remains a mystery, beloved, impassive. Faced with my emotion it has no reaction.

The unknown words remind me that there's a lot I don't know in this world.

Sometimes a word can provoke an odd response. One day, for example, I discover the word *claustrale* (cloistered). I can guess at the meaning, but I would like to be certain. I'm on a train. I check the pocket dictionary. The word isn't there. Suddenly I'm enthralled, bewitched by this word. I want to know it immediately. Until I understand it I'll feel vaguely restless. However irrational the idea, I'm convinced that finding out what this word means could change my life.

I believe that what can change our life is always outside of us.

Should I dream of a day, in the future, when I'll no longer need the dictionary, the notebook, the pen? A day when I can read in Italian without tools, the way I read in English? Shouldn't that be the point of all this?

I don't think so. When I read in Italian, I'm a more active reader, more involved, even if less skilled. I like the effort. I prefer the limitations. I know that in some way my ignorance is useful to me.

I realize that in spite of the limitations the horizon is boundless. Reading in another language implies a perpetual state of growth, of possibility. I know that, since I'm an apprentice, my work will never end.

Quando ci si sente innamorati, si vuole vivere per sempre. Si vagheggia che l'emozione, l'entusiasmo che si prova, duri. Leggere in italiano mi provoca una brama simile. Non voglio morire perché la mia morte significherebbe la fine della mia scoperta della lingua. Perché ogni giorno ci sarà una nuova parola da imparare. Così il vero amore può rappresentare l'eternità.

Ogni giorno, leggendo, trovo delle parole nuove. Qualcosa da sottolineare, poi trasferire sul taccuino. Mi fa pensare al giardiniere che strappa le erbacce. Così come il giardiniere, so che il mio lavoro in fin dei conti è una follia. Qualcosa di disperato. Quasi, direi, una fatica di Sisifo. Non è possibile, per il giardiniere, controllare alla perfezione la natura. Allo stesso modo non mi è possibile conoscere, per quanto voglia, ogni parola italiana.

Ma tra me e il giardiniere c'è una differenza sostanziale. Le erbacce, per il giardiniere, non sono qualcosa di desiderato. Sono da sradicare, da buttar via. Io invece raccolgo le parole. Voglio tenerle in mano, voglio possederle.

Quando scopro un modo diverso per esprimermi provo una specie di estasi. Le parole sconosciute rappresentano un abisso vertiginoso, fecondo. Un abisso che contiene tutto ciò che mi sfugge, tutto il possibile.

When you're in love, you want to live forever. You want the emotion, the excitement you feel to last. Reading in Italian arouses a similar longing in me. I don't want to die, because my death would mean the end of my discovery of the language. Because every day there will be a new word to learn. Thus true love can represent eternity.

Every day, when I read, I find new words. Something to underline, then transfer to the notebook. It makes me think of a gardener pulling weeds. I know that my work, just like the gardener's, is ultimately folly. Something desperate. Almost, I would say, a Sisyphean task. It's impossible for the gardener to control nature perfectly. In the same way it's impossible for me, no matter how intense my desire, to know every Italian word.

But between the gardener and me there is a fundamental difference. The gardener doesn't want the weeds. They are to be pulled up, thrown away. I, on the other hand, gather up the words. I want to hold them in my hand, I want to possess them.

When I discover a different way to express something, I feel a kind of ecstasy. Unknown words present a dizzying yet fertile abyss. An abyss containing everything that escapes me, everything possible.

IL RACCOLTO DELLE PAROLE

Sono di continuo a caccia di parole.
Descriverei il processo così: ogni giorno entro in un bosco con un cestino in mano. Trovo le parole tutt'attorno: sugli alberi, nei cespugli, per terra (in realtà: per la strada, durante le conversazioni, mentre leggo). Ne raccolgo quante più possibile. Ma non bastano, ho un appetito insaziabile.

Raccolgo sia quelle che mi sembrano oscure (*sciagura, spigliatezza*) sia quelle che riesco facilmente a capire ma vorrei conoscere meglio (*inviperito, stralunato*). Raccolgo delle belle parole che non hanno equivalenti in inglese (*formicolare, chiarore*). Raccolgo una valanga di aggettivi (*malmesso, plumbeo, impiastricciate*) per descrivere migliaia di situazioni. Raccolgo innumerevoli sostantivi e avverbi che non mi serviranno mai.

Alla fine della giornata il cestino è pesante, traboccante. Mi sento carica, arricchita, frizzante. Sembrano più preziose dei soldi, le mie parole. Mi sento una mendicante che scopre un mucchio d'oro, un sacco di gemme.

GATHERING WORDS

I 'm constantly hunting for words.

I would describe the process like this: every day I go into the woods carrying a basket. I find words all around: on the trees, in the bushes, on the ground (in reality: on the street, during conversations, while I read). I gather as many as possible. But it's never enough; I have an insatiable appetite.

I gather words that seem obscure (*sciagura, spigliatezza:* disaster, casualness) and ones that I can easily understand but would like to know better (*inviperito, stralunato:* incensed, out of one's wits). I gather beautiful words that have no exact equivalents in English (*formicolare, chiarore:* to move in a confused fashion, like ants, and also to have pins and needles; shaft of light). I gather countless adjectives (*malmesso, plumbeo, impiastricciate:* shabby, leaden, smeared) to describe thousands of situations. I gather countless nouns and adverbs that I will never use.

At the end of the day the basket is heavy, overflowing. I feel loaded down, wealthy, in high spirits. My words seem more valuable than money. I am like a beggar who finds a pile of gold, a bag of jewels.

Ma quando esco dal bosco, quando vedo il cestino, rimane appena una manciata di parole. La maggior parte sparisce. Evaporano nell'aria, colano come l'acqua tra le dita. Perché il cestino non è altro che la memoria, e la memoria mi tradisce, la memoria non regge.

Sento un legame con ogni parola che raccolgo. Provo affetto, insieme a un senso di responsabilità. Quando non riesco a ricordarle, temo di averle abbandonate.

Mi sento svuotata, abbattuta, come ci si sente la mattina dopo un sogno favoloso. Il bosco sembra un paradiso, un'allucinazione. Poi mi sveglio.

Benché sconfitta, non mi sento troppo scoraggiata. Semmai, mi sento ancora più determinata. Il giorno dopo, ritorno nel bosco. Non credo che il mio progetto sia uno spreco di tempo. So che il bello è il gesto di raccogliere, non il risultato.

Tuttavia non è sufficiente, neanche soddisfacente, radunare soltanto le parole sul taccuino. Voglio usarle. Voglio attingervi quando ne ho bisogno. Voglio entrare in contatto con loro. Voglio che diventino una parte di me.

Ripasso le parole per impararle, per memorizzarle. Ci penso mentre dialogo con qualcuno. So che ci sono, scritte a mano sul taccuino. Se fossi un genio, ricorderei tutto, così potrei conversare in maniera molto più precisa, sciolta. Ma quando mi servono, le parole sono elusive, imprendibili. Esistono sulla pagina ma non entrano nel cervello, quindi non escono dalla bocca. Restano sul taccuino, incastrate, inutili. Mi accorgo solo del fatto di averle notate.

Rileggendo il taccuino, mi rendo conto di certe parole che devo scrivere più di una volta, che resistono alla mia memo-

But when I come out of the woods, when I see the basket, scarcely a handful of words remain. The majority disappear. They vanish into thin air, they flow like water between my fingers. Because the basket is memory, and memory betrays me, memory doesn't hold up.

I feel a bond with every word I pick up. I feel affection, along with a sense of responsibility. When I can't remember words, I fear I've abandoned them.

I feel emptied, depressed, the way you feel the morning after a fabulous dream. The woods seem like a paradise, a hallucination. Then I wake up.

Although defeated, I don't feel too discouraged. If anything, I feel even more determined. The next day, I return to the woods. I don't think my project is a waste of time. I know that its beauty lies in the act of gathering, not in the result.

Yet it's not sufficient, or even satisfying, merely to collect words in the notebook. I want to use them. I want to draw on them when I need them. I want to be in contact with them. I want them to become a part of me.

I review the words in order to learn them, memorize them. I think about them while I'm talking to someone. I know they're there, written by hand in the notebook. If I were a genius, I would remember everything, and would be able to speak much more precisely, fluently. But when I need them the words are elusive, ungraspable. They exist on the page but don't enter my brain, so they don't come out of my mouth. They remain stuck, useless, in the notebook. I am aware only of the fact that I've recorded them.

Rereading the notebook, I notice certain words that I have to write more than once, that resist my memory.

ria. Semplici ma ostinate (*fruscio, schianto, arguto, broncio*), forse non vogliono avere alcun rapporto con me.

Tutte le parole dentro il taccuino sono il segno di una crescita fisica, metodica. Mi vengono in mente le prime settimane di vita dei miei figli, un periodo in cui andavo dalla pediatra ogni settimana per controllare il loro peso. Ogni grammo è stato notato, valutato. Ciascuno è stato prova concreta della loro presenza sulla terra, della loro esistenza. La mia comprensione dell'italiano cresce in modo simile. Acquisisco il mio vocabolario giorno per giorno, parola per parola.

Eppure, il mio lessico si sviluppa senza logica, in maniera guizzante, fugace. Le parole si presentano, mi accompagnano per un po', poi, spesso senza preavviso, mi abbandonano.

Il taccuino racchiude tutto il mio entusiasmo per la lingua. Tutto lo sforzo. Uno spazio in cui posso vagabondare, imparare, dimenticare, fallire. In cui posso sperare.

Simple but stubborn (*fruscio, schianto, arguto, broncio:* rustle, crash, sharp, sulk), maybe they don't want to have any relationship with me.

All the words in the notebook are the sign of a physical, methodical growth. I think of my children's first weeks of life, when I went to the pediatrician every week to have their weight checked. Every ounce was recorded, evaluated. Each was concrete proof of their presence on the earth, of their existence. My understanding of Italian grows in a similar way. I acquire my vocabulary day by day, word by word.

And yet my lexicon develops without logic, in a darting, fleeting manner. The words appear, accompany me for a while, then, often without warning, abandon me.

The notebook contains all my enthusiasm for the language. All the effort. A space where I can wander, learn, forget, fail. Where I can hope.

IL DIARIO

✿

A rrivo a Roma con la mia famiglia, qualche giorno prima di ferragosto. Non conosciamo questa abitudine di partire in massa. Nel momento in cui quasi tutti scappano via, in cui quasi tutta la città è ferma, proviamo a iniziare un nuovo capitolo della nostra vita. Affittiamo un appartamento in via Giulia. Una strada elegantissima, a metà agosto desolata. Fa un caldo feroce, insopportabile. Quando usciamo per fare spese, cerchiamo, ogni due passi, il momentaneo sollievo dell'ombra.

La seconda sera, un sabato, rientrando a casa la porta non si apre. Prima si apriva senza problemi. Ora, per quanto provi, la chiave non gira dentro la serratura.

Non c'è nessuno nel palazzo eccetto noi. Siamo senza documenti, ancora senza un telefono funzionante, senza alcun amico o conoscente romano. Chiedo aiuto all'albergo di fronte al palazzo, ma neanche due dei loro impiegati riescono ad aprire la porta. I nostri padroni di casa sono in vacanza in Calabria. I miei figli, sconvolti, affamati, dicono piangendo che vogliono tornare subito in America.

Alla fine viene un tecnico che apre la porta in un paio di

THE DIARY

I arrive in Rome with my family a few days before the mid-August holiday. We aren't familiar with this custom of leaving town en masse. The moment when nearly everyone is fleeing, when almost the entire city has come to a halt, we try to start a new chapter of our life.

We rent an apartment on Via Giulia. A very elegant street that is deserted in mid-August. The heat is fierce, unbearable. When we go out shopping, we look for the momentary relief of shade every few steps.

The second night, a Saturday, we come home and the door won't open. Before, it opened without any problem. Now, no matter how I try, the key doesn't turn in the lock.

There is no one in the building but us. We have no papers, are still without a functioning telephone, without any Roman friend or acquaintance. I ask for help at the hotel across the street from our building, but two hotel employees can't open the door, either. Our landlords are on vacation in Calabria. My children, upset, hungry, are crying, saying that they want to go back to America immediately.

Finally a locksmith arrives and opens the door in a

minuti. Gli diamo più di duecento euro, senza fattura, per il servizio.

Questo trauma mi pare sia una prova del fuoco, una sorta di battesimo. Ma ci sono parecchi altri ostacoli, piccoli ma scoccianti. Non sappiamo dove portare la differenziata, come comprare una tessera per i mezzi pubblici, dove fermano gli autobus. Tutto va imparato da zero. Se chiedessimo indicazioni a tre romani, ognuno dei tre ci darebbe una risposta diversa. Mi sento scombussolata, spesso schiacciata. Nonostante il mio grande entusiasmo per il fatto di vivere a Roma, ogni cosa sembra impossibile, indecifrabile, impenetrabile.

Una settimana dopo essere arrivata, il sabato dopo quel sabato sera indimenticabile, apro il mio diario per descrivere le nostre disavventure. Quel sabato, faccio qualcosa di strano, inaspettato. Scrivo il diario in italiano. Lo faccio in modo quasi automatico, spontaneo. Lo faccio perché quando prendo la penna in mano, non sento più l'inglese nel cervello. In questo periodo in cui tutto mi confonde, tutto mi turba, cambio la lingua in cui scrivo. Inizio a raccontare, nel modo più impegnativo, tutto ciò che mi mette alla prova.

Scrivo in un italiano bruttissimo, scorretto, imbarazzante. Senza controllo, senza dizionario, soltanto d'istinto. Vado a tentoni, come un bambino, come una semianalfabeta. Mi vergogno di scrivere così. Non capisco questo impulso misterioso che sbuca dal nulla. Non riesco a smettere.

È come se scrivessi con la mano sinistra, la mia mano debole, quella con cui non devo scrivere. Sembra una trasgressione, una ribellione, una stupidaggine.

Durante i primi mesi a Roma, il mio diario clandestino

couple of minutes. We give him more than two hundred euros, without a receipt, for the job.

This trauma seems to me a trial by fire, a sort of baptism. But there are many other obstacles, small but annoying. We don't know where to take the recycling, how to buy a subway and bus pass, where the bus stops are. Everything has to be learned from zero. When we ask for help from three Romans, each of the three gives a different answer. I feel unnerved, often crushed. In spite of my great enthusiasm for living in Rome, everything seems impossible, indecipherable, impenetrable.

A week after arriving, the Saturday after that unforgettable Saturday night, I open my diary to describe our misadventures. That Saturday, I do something strange, unexpected. I write my diary in Italian. I do it almost automatically, spontaneously. I do it because when I take the pen in my hand, I no longer hear English in my brain. During this period when everything confuses me, everything unsettles me, I change the language I write in. I begin to relate, in the most exacting way, everything that is testing me.

I write in a terrible, embarrassing Italian, full of mistakes. Without correcting, without a dictionary, by instinct alone. I grope my way, like a child, like a semiliterate. I am ashamed of writing like this. I don't understand this mysterious impulse, which emerges out of nowhere. I can't stop.

It's as if I were writing with my left hand, my weak hand, the one I'm not supposed to write with. It seems a transgression, a rebellion, an act of stupidity.

During the first months in Rome, my clandestine Ital-

in italiano è l'unica cosa che mi consola, che mi dà stabilità. Spesso, a notte fonda, sveglia, inquieta, vado alla scrivania per comporre qualche paragrafo in italiano. È un progetto segretissimo. Nessuno sospetta, nessuno sa.

Non riconosco la persona che sta scrivendo in questo diario, in questa nuova lingua approssimativa. Ma so che è la parte più schietta, più vulnerabile di me.

Prima di trasferirmi a Roma scrivevo di rado in italiano. Tentavo di comporre qualche lettera a una mia amica italiana che vive a Madrid, qualche email alla mia insegnante. Sembravano esercizi formali, artificiali. Non sembrava la mia voce. In America non lo era.

A Roma, però, scrivere in italiano sembra l'unico modo di sentirmi presente qui – magari di avere una connessione, soprattutto come scrittrice, con l'Italia. Il nuovo diario, per quanto imperfetto, per quanto crivellato di errori, rispecchia chiaramente il mio disorientamento. Riflette una transizione radicale, uno stato di smarrimento totale.

Nei mesi prima di venire in Italia, cercavo un'altra direzione per la mia scrittura. Volevo un nuovo approccio. Non sapevo che la lingua che avevo studiato pian piano per parecchi anni in America mi avrebbe dato, alla fine, l'indicazione.

Esaurisco un quaderno, ne comincio un altro. Mi viene in mente una seconda metafora: come se, poco attrezzata, scalassi una montagna. È una sorta di sopravvivenza letteraria. Non ho molte parole per esprimermi, tutt'altro. Mi rendo conto di uno stato di deprivazione. Eppure, al contempo, mi sento libera, leggera. Riscopro la ragione per cui scrivo, la gioia insieme all'esigenza. Ritrovo il piacere che provo fin da

ian diary is the only thing that consoles me, that gives me stability. Often, awake and restless in the middle of the night, I go to the desk to compose some paragraphs in Italian. It's an absolutely secret project. No one suspects, no one knows.

I don't recognize the person who is writing in this diary, in this new, approximate language. But I know that it's the most genuine, most vulnerable part of me.

Before I moved to Rome I seldom wrote in Italian. I tried to compose some letters to an Italian friend of mine who lives in Madrid, some emails to my teacher. They were like formal, artificial exercises. The voice didn't seem to be mine. In America it wasn't.

In Rome, however, writing in Italian is the only way to feel myself present here—maybe to have a connection, especially as a writer, with Italy. The new diary, although imperfect, although riddled with mistakes, mirrors my disorientation clearly. It reflects a radical transition, a state of complete bewilderment.

In the months before coming to Italy, I was looking for another direction for my writing. I wanted a new approach. I didn't know that the language I had studied slowly for many years in America would, finally, give me the direction.

I use up one notebook, I start another. A second metaphor comes to mind: it's as if, poorly equipped, I were climbing a mountain. It's a sort of literary act of survival. I don't have many words to express myself—rather, the opposite. I'm aware of a state of deprivation. And yet, at the same time, I feel free, light. I rediscover the reason that I write, the joy as well as the need. I find again the

ragazzina: mettere delle parole in un quaderno, che nessuno leggerà.

In italiano scrivo senza stile, in modo primitivo. Sono sempre in dubbio. Ho soltanto l'intenzione, insieme a una fede cieca ma sincera, di essere capita e di capire me stessa.

pleasure I've felt since I was a child: putting words in a notebook that no one will read.

In Italian I write without style, in a primitive way. I'm always uncertain. My sole intention, along with a blind but sincere faith, is to be understood, and to understand myself.

IL RACCONTO

Il diario mi fornisce la disciplina, l'abitudine di scrivere in italiano. Ma scrivere soltanto un diario equivale a rinchiudermi in casa, parlando con me stessa. Quello che vi esprimo resta una narrazione privata, interiore. A un certo punto, malgrado il rischio, voglio uscirne. Inizio con brevissimi pezzi, di solito non più di una pagina scritta a mano. Cerco di focalizzare qualcosa di specifico: una persona, un momento, un luogo. Faccio quello che chiedo ai miei studenti quando mi capita di insegnare scrittura creativa. Spiego loro che frammenti del genere sono i primi passi da fare prima di costruire un racconto. Credo che uno scrittore debba osservare il mondo reale prima di immaginarne uno inesistente.

I miei pezzettini italiani non sono altro che inezie. Eppure lavoro sodo per tentare di perfezionarli. Do il primo pezzo al mio nuovo insegnante d'italiano a Roma. Quando me lo restituisce, sono mortificata. Vedo solo errori, solo problemi. Vedo una catastrofe. Quasi ogni frase va modificata. Correggo la prima bozza a penna rossa. Alla fine della lezione, la pagina contiene tanto inchiostro rosso quanto nero.

Non ho mai tentato, da scrittrice, di fare qualcosa di così

THE STORY

T he diary provides me with the discipline, the habit of writing in Italian. But writing only a diary is the equivalent of shutting myself in the house, talking to myself. What I express there remains a private, interior narration. At a certain point, in spite of the risk, I want to go out.

I start with very short pieces, usually no more than a handwritten page. I try to focus on something specific: a person, a moment, a place. I do what I ask my students to do when I teach creative writing. I explain to them that such fragments are the first steps to take before constructing a story. I think that a writer should observe the real world before imagining a nonexistent one.

My short Italian pieces are mere trifles. And yet I work hard to try to perfect them. I give the first piece to my new Italian teacher in Rome. When he gives it back to me, I'm mortified. I see only mistakes, only problems. I see a catastrophe. Almost every sentence has to be changed. I correct the first version in red pen. At the end of the lesson the page contains as much red ink as black.

I've never tried to do anything this demanding as a

impegnativo. Trovo che il mio progetto sia talmente arduo che sembra quasi sadico. Devo ricominciare da capo, come se non avessi mai scritto nulla nella mia vita. Ma, per essere precisi, non mi trovo al punto di partenza: mi trovo invece in un'altra dimensione dove sono senza riferimenti, senza corazza. Dove non mi sono mai sentita così stupida. Anche se ormai parlo la lingua abbastanza bene, la lingua parlata non mi aiuta. Una conversazione implica una specie di collaborazione e, spesso, un atto di perdono. Quando parlo posso sbagliarmi ma, in qualche modo, riesco a spiegarmi. Sulla pagina sono sola. La lingua parlata è una specie di anticamera rispetto a quella scritta, la quale ha una propria logica, ancora più severa, più inafferrabile.

Nonostante l'umiliazione, continuo. Per la lezione successiva, preparo qualcosa di diverso. Perché sepolto sotto tutti gli errori, tutti gli spigoli, c'è qualcosa di prezioso. Una nuova voce, grezza ma viva, da migliorare, da approfondire.

Un giorno mi trovo in una biblioteca in cui non mi sento molto a mio agio, dove di solito non riesco a lavorare bene. Lì, a una scrivania anonima, mi viene in mente un racconto intero in italiano. Viene in un lampo. Ascolto le frasi nel cervello. Non so da dove vengano, non so come io riesca a sentirle. Scrivo in fretta nel quaderno; temo che tutto sparirà prima che io possa buttarlo giù. Tutto si dipana tranquillamente. Non uso il dizionario. Impiego circa due ore per scrivere la prima metà del racconto. Il giorno dopo ritorno alla stessa biblioteca per un altro paio d'ore, per terminarlo.

Mi accorgo di una spaccatura, insieme a una nascita. Ne sono stordita.

Non mi capita mai di scrivere un racconto in questa

writer. I find that my project is so arduous that it seems sadistic. I have to start again from the beginning, as if I had never written anything in my life. But, to be precise, I am not at the starting point: rather, I'm in another dimension, where I have no references, no armor. Where I've never felt so stupid.

Even though I now speak the language fairly well, the spoken language doesn't help me. A conversation involves a sort of collaboration and, often, an act of forgiveness. When I speak I can make mistakes, but I'm somehow able to make myself understood. On the page I am alone. The spoken language is a kind of antechamber with respect to the written, which has a stricter, more elusive logic.

In spite of the humiliation I continue. For the next lesson, I prepare something different. Because buried under all the mistakes, all the rough spots, is something precious. A new voice, crude but alive, to improve, to elaborate.

One day I find myself in a library where I never feel very comfortable, and where I usually can't work well. There, at an anonymous desk, an entire story in Italian comes into my mind. It comes in a flash. I hear the sentences in my brain. I don't know where they originate, I don't know how I'm able to hear them. I write rapidly in the notebook; I'm afraid it will all disappear before I can get it down. Everything unfolds calmly. I don't use the dictionary. It takes me about two hours to write the first half of the story. The next day I return to the same library for another couple of hours, to finish it.

I am aware of a break, along with a birth. I'm stunned by it.

I've never written a story in this fashion. In English I

maniera. In inglese posso rimuginare quello che scrivo, posso fermarmi dopo ogni frase per cercare le parole giuste, per riordinarle, per cambiare mille volte idea. La mia comprensione dell'inglese è sia un vantaggio sia un intralcio. Riscrivo tutto come una pazza finché non mi soddisfa, mentre in italiano, come un soldato nel deserto, devo semplicemente andare avanti.

Dopo aver ultimato il racconto, preparo una copia al computer. Per la prima volta lavoro sullo schermo in italiano. Le dita sono tese. Non sanno come muoversi sulla tastiera.

So che ci saranno tantissime cose da correggere, da riscrivere.

So che la mia vita, in quanto scrittrice, non sarà più la stessa.

Il racconto s'intitola *Lo scambio*.

Di cosa parla? La protagonista è una traduttrice insofferente che si trasferisce in una città imprecisata, alla ricerca di un cambiamento. Ci arriva da sola, con quasi nulla, tranne un golfino nero.

Non so come leggere il racconto, non so cosa pensarne. Non so se funziona. Mi mancano le capacità critiche per giudicarlo. Benché sia venuto da me, non sembra completamente mio. Sono certa solo di una cosa: non lo avrei mai scritto in inglese.

Odio analizzare ciò che scrivo. Ma qualche mese dopo, un mattino mentre corro in villa Doria Pamphilj, mi viene in mente, tutto a un tratto, il significato di questo strano racconto: il golfino è la lingua.

can consider what I write, I can stop after every sentence to look for the right words, to reorder them, change my mind a thousand times. My knowledge of English is both an advantage and a hindrance. I rewrite everything like a lunatic until it satisfies me, while in Italian, like a soldier in the desert, I have to simply keep going.

After finishing the story, I type it on the computer. For the first time I'm working on the screen in Italian. My fingers are tense. They don't know how to move on the keyboard.

I know there will be many things to correct, to rewrite. I know that my life as a writer will no longer be the same.

The story is entitled "The Exchange."

What is it about? The protagonist is a translator who is restless, and moves to an unspecified city in search of a change. She arrives by herself, with almost nothing, except a black sweater.

I don't know how to read the story, I don't know what to think about it. I don't know if it works. I don't have the critical skills to judge it. Although it came from me, it doesn't seem completely mine. I'm sure of only one thing: I would never have written it in English.

I hate analyzing what I write. But one morning a few months later, when I'm running in the park of Villa Doria Pamphili, the meaning of this strange story suddenly comes to me: the sweater is language.

LO SCAMBIO

C'era una donna, una traduttrice, che voleva essere un'altra persona. Non c'era un motivo chiaro. Era sempre stato così. Aveva degli amici, una famiglia, un appartamento, un lavoro. Aveva abbastanza soldi, godeva di buona salute. Aveva, insomma, una vita fortunata, di cui era grata. L'unica cosa che la affliggeva era quello che la distingueva dagli altri.

Quando pensava a ciò che possedeva, provava una mite repulsione, perché ogni oggetto, ogni cosa che le apparteneva, le dava prova della sua esistenza. Ogni volta che aveva un qualsiasi ricordo della sua vita passata, era convinta che un'altra versione sarebbe stata migliore.

Si considerava imperfetta, come la prima stesura di un libro. Voleva generare un'altra versione di se stessa, nello stesso modo in cui poteva trasformare un testo da una lingua a un'altra. A volte aveva l'impulso di rimuovere la sua presenza dalla terra, come se fosse un filo sull'orlo di un bel vestito, da tagliare via con un paio di forbici.

Eppure non voleva suicidarsi. Amava troppo il mondo, la gente. Amava fare lunghe passeggiate nel tardo pomeriggio

THE EXCHANGE

✣

There was a woman, a translator, who wanted to be another person. There was no precise reason. It had always been that way.

She had friends, a family, an apartment, a job. She had enough money, and good health. She had, in other words, a fortunate life, for which she was grateful. The only thing that troubled her was what distinguished her from others.

When she thought of what she possessed, she felt a mild revulsion, because every object, every thing that belonged to her, gave proof of her existence. Every time she remembered something of her past life, she was convinced that another version would have been better.

She considered herself imperfect, like the first draft of a book. She wanted to produce another version of herself, in the same way that she could transform a text from one language into another. At times she had the impulse to remove her presence from the earth, as if it were a thread on the hem of a nice dress, to be cut off with a pair of scissors.

And yet she didn't want to kill herself. She loved the world too much, and people. She loved taking long walks

osservando ciò che la circondava. Amava il verde del mare, la luce del crepuscolo, i sassi sparsi sulla sabbia. Amava il sapore di una pera rossa in autunno, la luna piena e pesante d'inverno che brillava fra le nuvole. Amava il calore del suo letto, un buon libro da leggere senza interruzione. Per godere di questo, sarebbe vissuta per sempre.

Volendo capire meglio il motivo per cui si sentiva così, decise un giorno di eliminare i segni della sua esistenza. Tranne una piccola valigia, buttò o diede via tutto. Voleva vivere in solitudine, come un monaco, proprio per affrontare ciò che non riusciva a sopportare. Ai suoi amici, alla famiglia, all'uomo che la amava, disse che doveva andarsene per un po'.

Scelse una città in cui non conosceva nessuno, non capiva la lingua, dove non faceva né troppo caldo né troppo freddo. Portò un guardaroba quanto più semplice possibile, tutto in nero: un abito, un paio di scarpe, e un golfino di lana leggera, morbida, con cinque piccoli bottoni.

Arrivò mentre la stagione stava cambiando. Faceva caldo al sole, freddo all'ombra. Prese in affitto una camera. Camminava per ore, vagava senza meta, senza parlare. La città era piccola, piacevole ma priva di personalità, senza turisti. Sentiva i rumori, osservava la gente: chi andava in fretta al lavoro, chi era seduto sulle panchine, come lei, con un libro o con un cellulare, a prendere il sole. Quando aveva fame, mangiava qualche cosa seduta su una panchina. Quando era stanca, andava al cinema a vedere un film.

I giorni si facevano brevi, scuri. Pian piano gli alberi si spogliavano dei colori, delle foglie. La mente della traduttrice si svuotava. Cominciava a sentirsi leggera, anonima.

in the late afternoon, and observing her surroundings. She loved the green of the sea, the light of dusk, the rocks scattered on the sand. She loved the taste of a red pear in autumn, the full, heavy winter moon that shone amid the clouds. She loved the warmth of her bed, a good book to read without being interrupted. To enjoy that, she would have lived forever.

Wishing to better understand the reason she felt the way she did, she decided one day to eliminate the signs of her existence. Apart from a small suitcase, she threw or gave everything away. She wanted to live in solitude, like a monk, in order to confront what she couldn't bear. To her friends, her family, the man who loved her, she said that she had to go away for a while.

She chose a city where she knew no one, didn't understand the language, where it wasn't too hot or too cold. She brought clothes that were as simple as possible, all black: a dress, a pair of shoes, and a soft, light wool sweater, with five small buttons.

She arrived as the season was changing. It was warm in the sun, cool in the shade. She rented a room. She walked for hours, wandered aimlessly, without speaking. The city was small, pleasant but without personality, without tourists. She heard the sounds, observed the people: some hurried to work, some sat on benches, like her, with a book or a cell phone, taking the sun. When she was hungry, she ate something sitting on a bench. When she was tired, she went to the movies.

The days grew short, dark. Gradually the trees lost their colors, their leaves. The translator's mind emptied.

Immaginava di essere una foglia che cadeva, identica a ogni altra.

Di notte dormiva bene. Di mattina si svegliava senza ansie. Non pensava né al futuro, né alle tracce della sua vita. Sospesa nel tempo, come una persona senza ombra. Eppure era viva, si sentiva più viva che mai.

In una brutta giornata, piovosa, ventosa, si mise al riparo sotto il cornicione di un edificio in pietra. La pioggia scrosciava. Non aveva un ombrello, neanche un cappello. La pioggia colpiva il marciapiede, con un suono insistente, continuo. Pensava al viaggio che fa l'acqua, che da sempre cade dalle nuvole, penetrando nella terra, riempiendo i fiumi, arrivando, alla fine, al mare.

La strada era piena di pozzanghere, la facciata del palazzo di fronte a lei era coperta di annunci illeggibili. La traduttrice si accorse di varie donne che entravano e uscivano dal portone. Di tanto in tanto una di loro, da sola o in un piccolo gruppo, arrivava, premeva un campanello, poi entrava. Curiosa, decise di seguirle.

Oltre il portone si doveva attraversare un cortile in cui la pioggia era confinata, come se piovesse in una stanza senza soffitto. Si fermò un momento per guardare il cielo, anche se si bagnava. Più avanti c'era una scala, scura, un po' sconnessa, dove alcune signore scendevano, altre salivano.

Sul pianerottolo c'era una donna alta, magra, con una faccia grinzosa ma ancora bella. Aveva i capelli corti, chiari, era vestita di nero. L'abito era trasparente, senza una forma precisa, con maniche lunghe e diafane, come due ali. Questa donna accoglieva le altre, con le braccia spalancate.

Venite, venite, ci sono tante cose da vedere.

She began to feel light, anonymous. She imagined she was a falling leaf, like every other.

At night she slept well. In the morning she woke without worries. She didn't think of the future or of the traces of her life. She was suspended in time, like a person without a shadow. And yet she was alive, she felt more alive than ever.

One rainy, windy day, she took shelter under the cornice of a stone building. The rain poured down. She didn't have an umbrella, or even a hat. The rain beat on the sidewalk with an insistent, continuous sound. She thought of the water's eternal journey, falling from the clouds, penetrating the earth, filling the rivers, arriving, finally, at the sea.

The street was pocked with puddles, the façade of the building opposite was covered with illegible signs. The translator noticed various women going in and out. Occasionally one alone or a small group would arrive, press a bell, then enter. Curious, she decided to follow.

Beyond the entranceway she had to cross a courtyard, where the rain was confined, as if it were falling in a room without a ceiling. She stopped for a moment to look at the sky, even though she got wet. Farther on there was a dark stairway, the steps slightly uneven, where some women were coming down, others going up.

On the landing stood a tall, thin woman, with a wrinkled yet still beautiful face. She had short fair hair, and was dressed in black. The dress was transparent, without a precise shape, and with long, diaphanous sleeves, like wings. This woman welcomed the others, with open arms.

Come in, come in, there are a lot of things to see.

Dentro l'appartamento la traduttrice lasciò la sua borsa nel corridoio, su un lungo tavolo, come facevano le altre. Oltre il corridoio c'era un grande salotto. C'era una fila piena di abiti neri, lungo un appendiabiti accanto alla parete. Gli abiti erano come soldati, sull'attenti, ma inanimati. In un'altra parte del salotto c'erano divani, candele accese, un tavolo al centro pieno di frutta, formaggio, una densa torta al cioccolato. In un angolo, un alto specchio diviso in tre parti, in cui ci si poteva guardare da diverse prospettive.

La proprietaria dell'appartamento, che aveva disegnato questi vestiti neri, era seduta su un divano, fumava e chiacchierava. Parlava la lingua del posto perfettamente, ma con un leggero accento. Era una straniera, come la traduttrice.

Benvenute. Prego, mangiate, guardatevi intorno, accomodatevi.

Alcune donne si erano già spogliate, e stavano provando vestiti, sollecitando le opinioni delle altre. Erano una collezione di braccia, gambe, anche, vite. Variazioni incessanti. Sembrava che tutte loro si conoscessero.

La traduttrice si tolse il golfino, si spogliò. Cominciò a provare tutti i vestiti della sua taglia, uno dopo l'altro, metodicamente, come se fosse un compito. C'erano pantaloni, giacche, gonne, camicie, vestiti. Tutti neri, fatti di stoffe morbide, leggere.

Sono ideali per viaggiare, disse la proprietaria. Sono comodi, moderni, versatili. Si possono lavare a mano in acqua fredda. Non si sgualciscono.

Le altre donne erano d'accordo. Dicevano che ormai si mettevano soltanto i vestiti disegnati dalla proprietaria. Li

Inside the apartment the translator left her purse in the hall, on a long table, as the others did. At the end of the hall was a large living room. A row of black dresses hung on a clothes rack next to the wall.

The dresses were like soldiers, at attention, but inanimate. In another part of the room there were couches, lighted candles, a table loaded with fruit, cheese, a rich chocolate cake. In a corner was a tall mirror divided into three, in which you could look at yourself from different angles.

The owner of the apartment, who had designed the black clothes, was sitting on a sofa, smoking and chatting. She spoke the language of the place perfectly, but with a slight accent. She was a foreigner, like the translator.

Welcome. Please, have something to eat, look around, make yourself comfortable.

Some women were already undressed, and were trying on clothes, asking the others for their opinions. They were a collection of arms, legs, hips, waists. Unceasing variations. They all seemed to know each other.

The translator took off her sweater, undressed. She began to try on all the garments in her size, one after the other, methodically, as if it were a task. There were pants, jackets, skirts, shirts, dresses. All black, made of soft light fabrics.

They are ideal for traveling, the owner said. They are comfortable, modern, versatile. You can wash them by hand in cold water. They don't wrinkle.

The other women agreed. They said that now they wore only clothes designed by the owner. You could get

si trovava soltanto andando a casa sua, soltanto grazie a un invito privato. Soltanto in questo modo, segreto, nascosto, festivo.

La traduttrice stava davanti allo specchio. Studiava la propria immagine. Ma era distratta, c'era la presenza di un'altra donna dietro lo specchio, in fondo al corridoio. Era diversa dalle altre. Stava lavorando a un tavolo, con un ferro da stiro, con un ago in bocca. Aveva occhi stanchi, una faccia addolorata.

I vestiti erano eleganti, ben fatti. Anche se le stavano benissimo, alla traduttrice non piacevano. Dopo aver provato l'ultima cosa, decise di uscire. Non si sentiva se stessa in quei vestiti. Non voleva acquistare o accumulare niente di più.

C'erano mucchi di abiti dappertutto, sul pavimento, sui divani, sulle poltrone, come tante pozzanghere scure. Dopo aver rovistato un po', trovò il suo. Però mancava il golfino nero. Aveva cercato in tutti i mucchi ma non era riuscita a ritrovarlo.

Il salotto era quasi vuoto. Mentre la traduttrice cercava il suo golfino la maggior parte delle donne era andata via. La proprietaria stava preparando una ricevuta per la penultima. Rimaneva solo la traduttrice.

La proprietaria la guardava, come se fosse consapevole per la prima volta della sua presenza.

«E lei, cosa ha deciso di prendere?»

«Niente. Mi manca un golfino, il mio.»

«Il colore?»

«Nero.»

«Ah, mi dispiace.»

La proprietaria chiamò la donna dietro lo specchio. Le

them only by going to her house, only by private invitation. Only in this way, secret, hidden, festive.

The translator stood in front of the mirror. She studied her own image. But she was distracted by the presence of another woman behind the mirror, at the end of the hall. She was different from the others. She was working at a table, with an iron, a needle in her mouth. She had tired eyes, a sorrowful face.

The clothes were elegant, well made. Even though they suited her, the translator didn't like them. After trying the last thing she decided to leave. She didn't feel like herself in those clothes. She didn't want to acquire or accumulate anything more.

There were piles of clothes everywhere, on the floor, on the couches, on the chairs, like so many dark puddles. After rummaging awhile, she found hers. But her black sweater was missing. She had looked in all the piles but hadn't found it.

The room was almost empty. While the translator was looking for her sweater, most of the women had left. The owner was preparing a receipt for the next to last. Only the translator remained.

The owner looked at her, as if she had noticed her presence for the first time.

"And what did you decide on?"

"Nothing. I'm missing a sweater, my own."

"What color?"

"Black."

"Oh, I'm sorry."

The owner called to the woman behind the mirror. She asked her to pick the clothes up off the floor, put everything in order.

chiese di raccogliere i vestiti dal pavimento, di rimettere tutto a posto.

«A questa signora manca un golfino nero» disse. «Non la conosco» continuò. «Come mi ha trovata?»

«Ero fuori. Ho seguito le altre. Non sapevo cosa ci fosse dentro.»

«Non le piacciono, i vestiti?»

«Mi piacciono ma non mi servono.»

«Da dove viene?»

«Non sono di qui.»

«Neanch'io. Ha fame? Gradisce del vino? Della frutta?»

«No, grazie.»

«Scusate.»

Era la donna che lavorava per la proprietaria. Mostrò qualcosa, un indumento, alla traduttrice.

«Ecco» disse la proprietaria. «Era nascosto, abbiamo ritrovato il suo golfino.»

La traduttrice lo prese. Ma aveva capito subito, senza neanche metterselo, che non era il suo. Era un altro, sconosciuto. La lana era più ruvida, il nero meno intenso, ed era di una misura diversa. Quando lo indossò, quando si guardò nello specchio, lo sbaglio le apparve evidente.

«Questo non è il mio.»

«Cosa dice?»

«Il mio è simile, ma non è questo. Non riconosco questo golf. Non mi sta bene.»

«Ma dovrebbe essere il suo. La donna ha sistemato tutto. Non rimane niente sul pavimento, niente sui divani, guardi.»

La traduttrice non voleva accettare l'altro golfino. Ne provava antipatia, ribrezzo. «Questo non è il mio. Il mio è sparito.»

"This lady is missing a black sweater," she said. "I don't know you," she continued. "How did you find me?"

"I was outside. I followed the others. I didn't know what was inside."

"You don't like the clothes?"

"I like them but I don't need them."

"Where are you from?"

"I'm not from here."

"I'm not, either. Are you hungry? Would you like some wine? Fruit?"

"No, thank you."

"Excuse me."

It was the woman who worked for the owner. She showed something, a garment, to the translator.

"Here," said the owner. "It was hidden, we found your sweater."

The translator took it. But she knew immediately, without even putting it on, that it wasn't hers. It was another one, unfamiliar. The wool was coarser, the black less intense, and it was a different size. When she put it on, when she looked in the mirror, the mistake seemed obvious to her.

"This isn't mine."

"What do you mean?"

"Mine is similar, but this isn't it. I don't recognize this sweater. It doesn't fit."

"But it must be yours. The maid has put everything in order. There's nothing on the floor, nothing on the couches, look."

The translator didn't want to take the other sweater. She felt antipathy toward it, revulsion. "This isn't mine. Mine has disappeared."

«Ma come?»

«Forse un'altra donna l'ha preso senza accorgersene. Forse c'è stato uno scambio. Forse c'erano delle altre clienti che indossavano un golfino come questo?»

«Non me lo ricordo. Va bene, posso controllare, aspetti.» La proprietaria si sedette di nuovo sul divano. Accese una sigaretta. Poi, cominciò a fare una serie di chiamate. Spiegava a una donna dopo l'altra quello che era successo. Scambiava due parole con ognuna.

La traduttrice aspettava. Era convinta che qualcuna di loro avesse preso il suo golf, e che quello lasciato a lei appartenesse a un'altra.

La proprietaria posò il cellulare. «Mi dispiace, signora. Ho chiesto a tutte. Nessuna indossava un golfino nero oggi da me. Solo lei.»

«Ma questo non è il mio.»

Era sicura che non fosse il suo. Al tempo stesso sentiva un'incertezza tremenda che la consumava, che cancellava tutto, che la lasciava senza nulla.

«Grazie di essere venuta, arrivederla» disse la proprietaria. Non disse niente di più.

La traduttrice si sentiva sconcertata, vuota. Era venuta in questa città cercando un'altra versione di sé, una trasfigurazione. Ma aveva capito che la sua identità era insidiosa, una radice che lei non sarebbe mai riuscita a estirpare, un carcere in cui si sarebbe incastrata.

Nel corridoio voleva salutare la donna che lavorava per la padrona, dietro lo specchio, a un tavolo. Ma non c'era più.

Tornò a casa, sconfitta. Fu costretta a indossare l'altro golfino, perché pioveva ancora. Quella sera si addormentò senza mangiare, senza sognare.

"What do you mean?"

"Maybe another woman took it without realizing it. Maybe there was an exchange. Maybe there were other clients who were wearing a sweater like this?"

"I don't remember. All right, I can check, wait."

The owner sat down again on the couch. She lit a cigarette. Then she began to make a series of calls. She explained to one woman after another what had happened. She said a few words to each one.

The translator waited. She was convinced that one of them had taken her sweater and that the one left for her belonged to someone else.

The owner put down the phone. "I'm sorry. I've asked everyone. No one was wearing a black sweater here today. Only you."

"But this isn't mine."

She was sure that it wasn't hers. At the same time she felt a tremendous, consuming uncertainty that canceled out everything, that left her with nothing.

"Thank you for coming, goodbye," said the owner. She said nothing more.

The translator felt disconcerted, empty. She had come to that city looking for another version of herself, a transfiguration. But she understood that her identity was insidious, a root that she would never be able to pull up, a prison in which she would be trapped.

In the hall she wanted to say goodbye to the woman who worked for the owner, behind the mirror, at a table. But she was no longer there.

The translator returned home, defeated. She was forced to wear the other sweater, because it was still raining. That night she fell asleep without eating, without dreaming.

Il giorno dopo, quando si svegliò, vide un golfino nero su una sedia nell'angolo della camera. Le era di nuovo familiare. Sapeva che era sempre stato il suo, e che la sua reazione il giorno precedente, la piccola scena che aveva fatto di fronte alle altre due donne, era stata completamente irrazionale, assurda.

Eppure questo golfino non sembrava più lo stesso, non quello che aveva cercato. Quando lo vide, non provava più nessun ribrezzo. Anzi, quando lo indossò, lo preferì. Non voleva ritrovare quello perso, non le mancava. Ora, quando lo indossava, era un'altra anche lei.

The next day, when she woke, she saw a black sweater on a chair in the corner of the room. It was again familiar to her. She knew that it had always been hers, and that her reaction the day before, the little scene she had made in front of the two other women, had been completely irrational, absurd.

And yet this sweater was no longer the same, no longer the one she'd been looking for. When she saw it, she no longer felt revulsion. In fact, when she put it on, she preferred it. She didn't want to find the one she had lost, she didn't miss it. Now, when she put it on, she, too, was another.

IL RIPARO FRAGILE

Quando leggo in italiano mi sento un'ospite, una viaggiatrice. Ciononostante, quello che faccio sembra un compito ragionevole, accettabile. Quando scrivo in italiano mi sento un'intrusa, un'impostora. Sembra un compito contraffatto, innaturale. Mi accorgo di aver oltrepassato un confine, di sentirmi persa, di essere in fuga. Di essere completamente straniera.

Quando rinuncio all'inglese rinuncio alla mia autorevolezza. Sono traballante anziché sicura. Sono debole.

Da dove viene l'impulso di allontanarmi dalla mia lingua dominante, la lingua da cui dipendo, da cui provengo come scrittrice, per darmi all'italiano?

Prima di diventare un'autrice mi mancava un'identità chiara, nitida. È stato attraverso la scrittura che sono riuscita a sentirmi realizzata. Ma quando scrivo in italiano non mi sento così.

Cosa vuol dire scrivere senza la propria autorevolezza? Posso definirmi un'autrice, senza sentirmi autorevole?

Com'è possibile, quando scrivo in italiano, che mi senta sia più libera sia inchiodata, costretta?

Forse perché in italiano ho la libertà di essere imperfetta.

THE FRAGILE SHELTER

When I read in Italian, I feel like a guest, a traveler. Nevertheless, what I'm doing seems a legitimate, acceptable task. When I write in Italian, I feel like an intruder, an impostor. The work seems counterfeit, unnatural. I realize that I've crossed over a boundary, that I feel lost, in flight. I'm a complete foreigner. When I give up English, I give up my authority. I'm shaky rather than secure. I'm weak. What is the source of the impulse to distance myself from my dominant language, the language that I depend on, that I come from as a writer, to devote myself to Italian?

Before I became a writer, I lacked a clear, precise identity. It was through writing that I was able to feel fulfilled. But when I write in Italian I don't feel that.

What does it mean, for a writer, to write without her own authority? Can I call myself an author, if I don't feel authoritative?

How is it possible that when I write in Italian I feel both freer and confined, constricted? Maybe because in Italian I have the freedom to be imperfect.

Come mai mi attrae questa nuova voce, imperfetta, scarna? Come mai mi soddisfa la penuria? Cosa vuol dire rinunciare a un palazzo per abitare quasi per strada, sotto un riparo così fragile? Forse perché dal punto di vista creativo non c'è nulla di tanto pericoloso quanto la sicurezza.

Mi chiedo quale sia il rapporto tra libertà e limitazioni. Mi chiedo come una prigione possa somigliare al paradiso.

Mi viene in mente qualche riga di Verga che ho scoperto di recente: «Pensare che avrebbe potuto bastarmi quest'angolo di terra, uno spicchio di cielo, un vaso di fiori, per godere tutte le felicità del mondo, se non avessi provato la libertà e se non mi sentissi in cuore la febbre roditrice di tutte le gioie che son fuori di queste mura!»

Chi parla è la protagonista di *Storia di una capinera*, una novizia di clausura che si sente intrappolata nel convento, che vagheggia la campagna, la luce, l'aria.

Io, in questo momento, preferisco il recinto. Quando scrivo in italiano, mi basta quello spicchio di cielo.

Mi rendo conto che la voglia di scrivere in una nuova lingua deriva da una specie di disperazione. Mi sento tormentata, come la capinera di Verga. Come lei, desidero altro: qualcosa che probabilmente non dovrei desiderare. Ma penso che l'esigenza di scrivere derivi sempre dalla disperazione insieme alla speranza.

So che si dovrebbe conoscere a fondo la lingua in cui si scrive. So che mi manca una vera padronanza. So che la mia scrittura in italiano è qualcosa di prematuro, avventato, sempre approssimativo. Voglio chiedere scusa. Voglio spiegare la fonte di questo mio slancio.

Why does this imperfect, spare new voice attract me? Why does poverty satisfy me? What does it mean to give up a palace to live practically on the street, in a shelter so fragile?

Maybe because from the creative point of view there is nothing so dangerous as security.

I wonder what the relationship is between freedom and limits. I wonder how a prison can resemble paradise.

I'm reminded of a passage in Verga, whom I recently discovered: "To think that this patch of ground, a sliver of sky, a vase of flowers might have been enough for me to enjoy all the happiness in the world if I hadn't experienced freedom, if I didn't feel in my heart a gnawing fever for all the joys that are outside these walls!"

The speaker is the protagonist of *La storia di una capinera* (*Sparrow: The Story of a Songbird*), a novice in an enclosed order of nuns who feels trapped in the convent, who longs for the countryside, light, air.

I, at the moment, prefer the enclosure. When I write in Italian, that sliver of sky is enough.

I realize that the wish to write in a new language derives from a kind of desperation. I feel tormented, just like Verga's songbird. Like her, I wish for something else— something that I probably shouldn't wish for. But I think that the need to write always comes from desperation, along with hope.

I know that one should have a thorough knowledge of the language one writes in. I know that I lack true mastery. I know that my writing in Italian is something premature, reckless, always approximate. I'd like to apologize. I'd like to explain the source of this impulse of mine.

Perché scrivo? Per indagare il mistero dell'esistenza. Per tollerare me stessa. Per avvicinare tutto ciò che si trova al di fuori di me.

Se voglio capire quello che mi colpisce, quello che mi confonde, quello che mi angoscia, in breve, tutto ciò che mi fa reagire, devo metterlo in parole. La scrittura è il mio unico modo per assorbire e per sistemare la vita. Altrimenti mi sgomenterebbe, mi sconvolgerebbe troppo.

Ciò che passa senza esser messo in parole, senza esser trasformato e, in un certo senso, purificato dal crogiuolo dello scrivere, non significa nulla per me. Solo le parole che durano mi sembrano reali. Hanno un potere, un valore superiore a noi.

Visto che io provo a decifrare tutto tramite la scrittura, forse scrivere in italiano è semplicemente il mio modo per apprendere la lingua nel modo più profondo, più stimolante.

Fin da ragazza appartengo soltanto alle mie parole. Non ho un Paese, una cultura precisa. Se non scrivessi, se non lavorassi alle parole, non mi sentirei presente sulla terra.

Cosa significa una parola? E una vita? Mi pare, alla fine, la stessa cosa. Come una parola può avere tante dimensioni, tante sfumature, una tale complessità, così una persona, una vita. La lingua è lo specchio, la metafora principale. Perché in fondo il significato di una parola, così come quello di una persona, è qualcosa di smisurato, di ineffabile.

Why do I write? To investigate the mystery of existence. To tolerate myself. To get closer to everything that is outside of me.

If I want to understand what moves me, what confuses me, what pains me—everything that makes me react, in short—I have to put it into words. Writing is my only way of absorbing and organizing life. Otherwise it would terrify me, it would upset me too much.

What passes without being put into words, without being transformed and, in a certain sense, purified by the crucible of writing, has no meaning for me. Only words that endure seem real. They have a power, a value superior to us.

Given that I try to decipher everything through writing, maybe writing in Italian is simply my way of learning the language in a more profound, more stimulating way.

Ever since I was a child, I've belonged only to my words. I don't have a country, a specific culture. If I didn't write, if I didn't work with words, I wouldn't feel that I'm present on the earth.

What does a word mean? And a life? In the end, it seems to me, the same thing. Just as a word can have many dimensions, many nuances, great complexity, so, too, can a person, a life. Language is the mirror, the principal metaphor. Because ultimately the meaning of a word, like that of a person, is boundless, ineffable.

L'IMPOSSIBILITÀ

In un numero di «Nuovi Argomenti», leggendo un'intervista con il romanziere Carlos Fuentes, trovo questo: «È estremamente utile sapere che non si potrà mai raggiungere certe vette». Fuentes si riferisce a certi capolavori letterari – opere geniali come *Don Chisciotte*, per esempio – che restano intoccabili. Credo che queste vette abbiano un doppio ruolo, considerevole, per gli scrittori: ci fanno puntare alla perfezione e ci ricordano la nostra mediocrità.

Come scrittrice, in qualsiasi lingua, devo tenere conto della presenza di grandissimi autori. Devo accettare la natura del mio contributo rispetto al loro. Pur sapendo che non riuscirò mai a scrivere come Cervantes, come Dante, come Shakespeare, scrivo comunque. Devo gestire l'ansia che queste vette possono suscitare. Altrimenti, non oserei scrivere.

Ora che scrivo in italiano, l'osservazione di Fuentes mi sembra ancora più pertinente. Devo accettare l'impossibilità di raggiungere la vetta che mi ispira, ma allo stesso tempo mi porta via spazio. Ora la vetta non è l'opera di un altro scrittore più brillante di me, ma invece il cuore della lingua in sé.

IMPOSSIBILITY

❧

Reading an interview with the novelist Carlos Fuentes in an issue of *Nuovi Argomenti*, I find this: "It's extremely useful to know that there are certain heights one will never be able to reach."

Fuentes is referring to literary masterpieces—works of genius like *Don Quixote*, for example—that remain untouchable. I think that these heights have a dual, and substantial, role for writers: they make us aim at perfection and remind us of our mediocrity.

As a writer, in whatever language, I have to take account of the presence of the greatest writers. I have to accept the nature of my contribution with respect to theirs. Although I know I'll never write like Cervantes, like Dante, like Shakespeare, nevertheless I write. I have to manage the anxiety that those heights can stir up. Otherwise, I wouldn't dare write.

Now that I'm writing in Italian, Fuentes's observation seems even more pertinent. I have to accept the impossibility of reaching the height that inspires me but at the same time pushes me into a corner. Now the height is not the work of a writer more brilliant than I am but, rather,

Pur sapendo che non riuscirò a trovarmi sicuramente dentro questo cuore, cerco, attraverso lo scrivere, di raggiungerlo. Mi chiedo se sto andando controcorrente. Vivo in un'epoca in cui quasi tutto sembra possibile, in cui nessuno vuole accettare alcun limite. Possiamo inviare un messaggio in un istante, possiamo andare da un capo all'altro del mondo in una giornata. Possiamo vedere chiaramente una persona che non sta accanto a noi. Grazie alla tecnologia, niente attesa, niente distanza. Ecco perché si può dire tranquillamente che il mondo è più piccolo rispetto al passato. Siamo sempre connessi, raggiungibili. La tecnologia rifiuta la lontananza, oggi più che mai.

Eppure, questo mio progetto in italiano mi rende acutamente consapevole delle distanze immani tra le lingue. Una lingua straniera può significare una separazione totale. Può rappresentare, ancora oggi, la ferocia della nostra ignoranza. Per scrivere in una nuova lingua, per penetrarne il cuore, nessuna tecnologia aiuta. Non si può accelerare il processo, non si può abbreviarlo. L'andamento è lento, zoppicante, senza scorciatoie. Più capisco la lingua, più si ingarbuglia. Più mi avvicino, più si allontana. Ancora oggi il distacco tra me e l'italiano rimane insuperabile. Ho impiegato quasi la metà della mia vita per fare appena due passi. Per arrivare solo qui.

In questo senso la metafora del piccolo lago che volevo attraversare, con cui ho cominciato questa serie di riflessioni, è sbagliata. Perché in realtà una lingua non è un laghetto ma un oceano. Un elemento tremendo e misterioso, una forza della natura davanti alla quale mi devo inchinare.

In italiano mi manca una prospettiva completa. Mi manca la distanza che mi aiuterebbe. Ho solo la distanza che mi ostacola.

the heart of the language itself. Although I know that I will never be securely inside that heart, I try, through writing, to reach it.

I wonder if I'm going against the current. I live in an era in which almost anything seems possible, in which no one wants to accept any limits. We can send a message in an instant, we can go from one end of the world to the other in a day. We can plainly see a person who is not with us. Thanks to technology, no waiting, no distance. That's why we can say with assurance that the world is smaller than it used to be. We are always connected, reachable. Technology refutes distance, today more than ever.

And yet this Italian project of mine makes me acutely aware of the immense distances between languages. A foreign language can signify a total separation. It can represent, even today, the ferocity of our ignorance. To write in a new language, to penetrate its heart, no technology helps. You can't accelerate the process, you can't abbreviate it. The pace is slow, hesitant, there are no shortcuts. The better I understand the language, the more confusing it is. The closer I get, the farther away. Even today the disconnect between me and Italian remains insuperable. It's taken almost half my life to advance barely a few steps. Just to get this far.

In that sense the metaphor of the small lake that I wanted to cross, with which I began this series of reflections, is wrong. Because in fact a language isn't a small lake but an ocean. A tremendous, mysterious element, a force of nature that I have to bow before.

In Italian I lack a complete perspective. I lack the distance that would help me. I have only the distance that hinders me.

Non è possibile vedere il paesaggio per intero. Conto su certe vie, certi modi per passare. Qualche percorso di cui ormai mi fido, da cui probabilmente dipendo troppo. Riconosco certe parole, certe costruzioni, come se fossero alberi familiari durante una passeggiata quotidiana. Ma scrivo, alla fine, dentro una trincea.

Scrivo ai margini, così come vivo da sempre ai margini dei Paesi, delle culture. Una zona periferica in cui non è possibile che io mi senta radicata, ma dove ormai mi trovo a mio agio. L'unica zona a cui credo, in qualche modo, di appartenere.

Posso costeggiare l'italiano, ma mi sfugge l'entroterra della lingua. Non vedo le vie segrete, gli strati celati. I livelli nascosti. La parte sotterranea.

A villa Adriana, a Tivoli, c'è una rete viaria gigantesca, un sistema impressionante e imponente, tutto sottoterra. Questo complesso di passaggi è stato scavato per trasportare merci, servitori, schiavi. Per separare l'imperatore dal popolo. Per nascondere la vita vera e chiassosa della villa, così come la pelle nasconde tutte le funzioni, brutte ma essenziali, del corpo.

A Tivoli capisco la natura del mio progetto in italiano. Come i visitatori di oggi alla villa, come Adriano quasi due millenni fa, cammino sulla superficie, la parte accessibile. Ma so, da scrittrice, che una lingua esiste nelle ossa, nel midollo. Che la vera vita della lingua, la sostanza, è lì.

Torniamo a Fuentes: sono d'accordo, credo che una consapevolezza dell'impossibilità sia centrale all'impulso creativo. Davanti a tutto ciò che mi sembra irraggiungibile, mi meraviglio. Senza un sentimento di meraviglia verso le cose, senza lo stupore, non si può creare nulla.

It's impossible to see the entire landscape. I rely on certain paths, certain ways to get through. Routes I trust and probably depend on too much. I recognize certain words, certain constructions, as if they were familiar trees during a daily walk. But ultimately when I write I'm in a trench. I write on the margins, just as I've always lived on the margins of countries, of cultures. A peripheral zone where it's impossible for me to feel rooted, but where I'm comfortable. The only zone where I think that, in some way, I belong.

I can skirt the boundary of Italian, but the interior of the language escapes me. I don't see the secret pathways, the concealed layers. The hidden levels. The subterranean part.

At Hadrian's Villa, in Tivoli, there is a gigantic network of streets, an impressive and imposing system that is entirely underground. This complex of passages was dug to transport goods, servants, slaves. To separate the emperor from the people. To hide the real and unruly life of the villa, just as the skin hides the unsightly but essential functions of the body.

At Tivoli I understand the nature of my Italian project. Like visitors to the villa today, like Hadrian almost two millennia ago, I walk on the surface, the accessible part. But I know, as a writer, that a language exists in the bones, in the marrow. That the true life of the language, the substance, is there.

To return to Fuentes: I agree, I think that an awareness of impossibility is central to the creative impulse. In the face of everything that seems to me unattainable, I marvel. Without a sense of marvel at things, without wonder, one can't create anything.

Se tutto fosse possibile, quale sarebbe il senso, il bello della vita?

Se fosse possibile colmare la distanza tra me e l'italiano, smetterei di scrivere in questa lingua.

If everything were possible, what would be the meaning, the point of life?

If it were possible to bridge the distance between me and Italian, I would stop writing in that language.

VENEZIA

❦

In questa città inquietante, quasi onirica, scopro un nuovo modo per capire il mio rapporto con l'italiano. Questa topografia frammentata, disorientante, mi dà un'altra chiave. Si tratta del dialogo tra i ponti e i canali. Un dialogo tra l'acqua e la terraferma. Un dialogo che esprime uno stato sia di separazione sia di connessione. A Venezia non posso muovermi senza attraversare innumerevoli ponti pedonali. All'inizio dover attraversare un ponte quasi ogni due minuti mi affatica. Mi sembra un percorso atipico, leggermente difficile. In poco tempo, però, mi abituo. Pian piano questo percorso diventa abituale, seducente. Salgo, attraverso un canale, poi scendo dall'altra parte. Camminare per Venezia vuol dire ripetere quest'azione un numero incalcolabile di volte. In mezzo a ogni ponte mi trovo sospesa, né di qua né di là. Scrivere in un'altra lingua somiglia a un percorso del genere.

La mia scrittura in italiano, così come un ponte, è qualcosa di costruito, di fragile. Potrebbe in qualsiasi momento sprofondare, lasciandomi in pericolo. L'inglese scorre sotto i

VENICE

In this disquieting, almost dreamlike city, I discover a new way to understand my relationship with Italian. The fragmented, disorienting topography gives me another key. It's the dialogue between the bridges and the canals. A dialogue between water and land. A dialogue that expresses a state of both separation and connection. In Venice I can't go anywhere without crossing countless pedestrian bridges. At first, having to cross a bridge every few minutes is exhausting. Each journey seems abnormal and somewhat difficult. In a short time, though, I get used to it, and slowly this journey becomes habitual, enticing. I ascend, cross the canal, then descend on the other side. Walking through Venice means repeating this act an incalculable number of times. In the middle of every bridge I find myself suspended, neither here nor there. Writing in another language resembles a journey of this sort.

My writing in Italian is, just like a bridge, something constructed, fragile. It might collapse at any moment, leaving me in danger. English flows under my feet. I'm

piedi. Me ne sono accorta: è una presenza innegabile, anche se provo a evitarlo. Rimane, come l'acqua a Venezia, l'elemento più forte, più naturale, l'elemento che minaccia sempre di inghiottirmi. Paradossalmente, potrei sopravvivere senza problemi in inglese, non annegherei. Eppure, non volendo nessun contatto con l'acqua, faccio i ponti.

A Venezia mi accorgo di uno stato d'inversione di quasi tutti gli elementi. Mi è difficile distinguere tra ciò che esiste e ciò che sembra un'illusione, un'apparizione. Tutto mi appare instabile, mutevole. Le strade non sono solide. Le case sembrano galleggiare. La nebbia può rendere invisibile l'architettura. L'acqua alta può allagare una piazza. I canali rispecchiano una versione inesistente della città.

Lo smarrimento che avverto a Venezia è simile a quello che mi prende quando scrivo in italiano. Nonostante la pianta dei sestieri, mi perdo. Il labirinto veneziano trascende la propria pianta come una lingua trascende la propria grammatica. Camminare per Venezia, così come scrivere in italiano, è un'esperienza spiazzante. Devo arrendermi. Mentre scrivo affronto tantissimi vicoli ciechi, tanti angoli angusti da cui devo districarmi. Devo abbandonare certe strade. Devo correggermi continuamente. Ci sono momenti in italiano, così come a Venezia, in cui mi sento soffocata, sconvolta. Poi giro e, quando meno me lo aspetto, mi ritrovo in un luogo sperduto, silenzioso, splendente.

Con gli anni Venezia ha un impatto sempre più sconcertante su di me. La bellezza travolgente mi trafigge, sono sopraffatta dalla fragilità della vita. Mi sento avvolta da un sogno ardente che sembra sempre sul punto di dissolversi. Un sogno più vero della vita. Passare ripetutamente sui ponti mi fa pensare a quel passaggio che facciamo tutti noi sulla

aware of it: an undeniable presence, even if I try to avoid it. Like the water in Venice, it remains the stronger, more natural element, the element that forever threatens to swallow me. Paradoxically, I could survive without any trouble in English; I wouldn't drown. And yet, because I don't want any contact with the water, I build bridges.

I notice that in Venice almost all the elements are inverted. It's hard for me to distinguish between what exists and what seems an illusion, an apparition. Everything appears unstable, changeable. The streets aren't solid. The houses seem to float. The fog can make the architecture invisible. The high water can flood a square. The canals reflect a version of the city that doesn't exist.

The disorientation I feel in Venice is similar to what possesses me when I write in Italian. In spite of the map of the *sestieri*, I get lost. The Venetian maze transcends its own map the way a language transcends its own grammar. Walking in Venice, like writing in Italian, is an experience that throws me off balance. I have to give in. Writing, I come up against so many dead ends, so many tight corners to get myself out of. I have to abandon certain streets. I continually have to correct myself. There are moments in Italian, just as in Venice, when I feel suffocated, distraught. Then I turn and, when I least expect it, find myself in an isolated, silent, shining place.

Over the years Venice has had an increasingly unsettling impact on me. Its devastating beauty pierces me, I'm overwhelmed by the fragility of life. I'm enveloped in a passionate dream that always seems about to dissolve. A dream that's truer than life. Crossing the bridges again and again makes me think of the passage that we all make

terra, tra la nascita e la morte. Talvolta, attraversando certi ponti, temo di aver già raggiunto l'aldilà. Quando scrivo in italiano, nonostante il mio amore per la lingua, sento la stessa inquietudine. Questo passo che sto facendo sembra un salto nel vuoto, un'inversione di me stessa. Così come i riflessi dei palazzi che oscillano sulla superficie del Canal Grande, la mia scrittura in italiano sembra qualcosa di impalpabile. Vaporosa, come la nebbia. Temo che il ponte tra me e l'italiano, alla fine, non esista. Che resterà, nella migliore delle ipotesi, una chimera.

Tuttavia, sia a Venezia sia sulla pagina, i ponti sono l'unico modo per muovermi in una nuova dimensione, per superare l'inglese, per arrivare altrove. Ogni frase che scrivo in italiano è un piccolo ponte da costruire, poi da attraversare. Lo faccio con titubanza mista a un impulso persistente, inspiegabile. Ogni frase, come ogni ponte, mi porta da un luogo a un altro. È un percorso atipico, seducente. Un nuovo ritmo. Adesso mi sono quasi abituata.

on the earth, between birth and death. Sometimes, cross-ing certain bridges, I fear I've already reached the beyond. When I write in Italian, I feel the same disquiet, in spite of my love for the language. The step that I'm taking seems like a leap into the void, an inversion of myself. Like the reflections of the buildings that tremble on the surface of the Grand Canal, my writing in Italian is some-thing impalpable. Nebulous, like the fog. I'm afraid that the bridge between me and Italian doesn't, ultimately, exist. That it will remain, at best, a chimera.

Yet both in Venice and on the page, bridges are the only way to move into a new dimension, to get past English, to arrive somewhere else. Every sentence I write in Italian is a small bridge that has to be constructed, then crossed. I do it with hesitation mixed with a persistent, inexplicable impulse. Every sentence, like every bridge, carries me from one place to another. It's an atypical, enticing path. A new rhythm. Now I'm almost used to it.

L'IMPERFETTO

Ci sono tantissime cose che continuano a confondermi in italiano. Le preposizioni, per esempio: *alla* parete, **per** *terra,* **dal** *calzolaio,* **in** *edicola.* Per ripassarle, potrei prendere appunti **nel** quaderno o **sul** taccuino. Ho una guida per aiutare lo studente straniero, contenente una serie di esercizi di questo tipo: «Mettiti . . . miei panni e prova . . . vedere la situazione . . . i miei occhi». Sono stucchevoli, ma li faccio lo stesso: se voglio impadronirmi della lingua, non c'è scampo. Più che altro, non riesco mai a riempire quegli spazi alla perfezione. Magari, per imparare le preposizioni una buona volta, basta questa stupenda frase che si trova in un racconto di Moravia: «Sbucammo finalmente **su** una piazza **al** sole, **in** un venticello frizzante **da** neve, **davanti** un parapetto **oltre** il quale non c'era che la luce **di** un grande panorama che non si vedeva».

THE IMPERFECT

There are so many things that continue to confuse me in Italian. Prepositions, for example: *alla parete*, *per terra*, *dal calzolaio*, *in edicola* (on the wall, on the ground, at the shoemaker, at the newsstand). To review them, I could take notes *nel quaderno* or *sul taccuino* (in the exercise book or in the notebook). I have a grammar containing a series of exercises of this sort, to help foreign students: "*Mettiti __ miei panni e prova __ vedere la situazione __ i miei occhi*" (Put yourself __ my clothes and try __ see the situation __ my eyes). They are tedious, but I do them anyway; if I want to master the language, there's no way out. And yet I never manage to fill in those blank spaces perfectly. Maybe this stupendous sentence from a story by Alberto Moravia would be sufficient to teach me the prepositions once and for all: "*Sbucammo finalmente su una piazza al sole, in un venticello frizzante da neve, davanti un parapetto oltre il quale non c'era che la luce di un grande panorama che non si vedeva*" ("We finally emerged onto a square in the sun, in a crisp breeze hinting at snow, in front of a parapet beyond which there was only the light of a grand panorama that couldn't be seen").

Un'altra spina nel fianco è l'uso dell'articolo: non mi è chiaro quando si usa e quando cade. Perché si dice *c'è vento*, ma *c'è il sole*? Lotto per capire la differenza tra *uno stato d'animo* e *una busta della spesa*, *giorni di scirocco* e *la linea dell'orizzonte*. Tendo a sbagliarmi, mettendo l'articolo quando non ce n'è bisogno (tipo: «parliamo **del** cinema», «sono venuta in Italia per cambiare **la** strada»), ma leggendo Vittorini, imparo che si dice *queste sono fandonie*. Grazie a un cartello pubblicitario per strada, imparo che *il piacere non ha limiti*.

A proposito: rimango incerta sulla differenza tra *limite* e *limitazione*, *funzione* e *funzionamento*, *modifica* e *modificazione*.

Certe parole che si somigliano mi tormentano: *schiacciare* e *scacciare*, *spiccare* e *spicciare*, *fioco* e *fiocco*, *crocchio* e *crocicchio*.

Scambio ancora adesso *già* per *appena*.

Talvolta vacillo quando paragono due cose, per cui il taccuino è pieno di frasi del genere: *Di questo romanzo mi piace* **più** *la prima parte* **della** *seconda. Parlo l'inglese* **meglio** *dell'italiano. Preferisco Roma* **a** *New York. Piove* **più** *a Londra* **che** *a Palermo.*

Another thorn in my side is the use of the article—it's not clear to me when you use it and when it's dropped. Why does one say *c'è vento* (it's windy), but *c'è il sole* (it's sunny)? I struggle to understand the difference between *uno stato d'animo* (a state of mind) and *una busta della spesa* (a shopping bag), *giorni di scirocco* (days of sirocco) and *la linea dell'orizzonte* (the line of the horizon). I tend to make mistakes, putting the article when there's no need (as in *"Parliamo del cinema,"* instead of *di cinema*, or *"Sono venuta in Italia per cambiare la strada,"* instead of *cambiare strada;* "We're talking about the movies" instead of "about movies"; "I came to Italy to change the course" instead of "to change course"), but reading Elio Vittorini I learn that you say *queste sono fandonie* (those are lies). Thanks to an advertising poster on the street, I learn that *il piacere non ha limiti* (pleasure has no limits).

By the way: I'm still not very sure about the difference between *limite* and *limitazione, funzione* and *funzionamento, modifica* and *modificazione* (limit, function, change). Certain words that resemble each other torment me: *schiacciare* (crush) and *scacciare* (expel), *spiccare* (stand out) and *spicciare* (get something done quickly), *fioco* (weak) and *fiocco* (bow), *crocchio* (small group) and *crocicchio* (crossroads). I still mix up *già* (already) and *appena* (just).

Sometimes I hesitate when I compare two things, and so my notebook is full of sentences like *Di questo romanzo mi piace più la prima parte della seconda. Parlo l'inglese meglio dell'italiano. Preferisco Roma a New York. Piove più a Londra che a Palermo* (I like the first part of this novel more than the second part. I speak English better than Italian. I prefer Rome to New York. It rains more in London than in Palermo).

So che non è possibile conoscere una lingua straniera alla perfezione. Non a caso, ciò che mi confonde di più in italiano è l'uso dell'imperfetto, rispetto al passato prossimo. Dovrebbe essere una cosa abbastanza semplice ma, per qualche ragione, per me non lo è. Quando devo scegliere tra l'uno e l'altro, non so quale sia giusto. Vedo il bivio davanti a me, rallento, e sento che sto per bloccarmi. Sono pervasa dal dubbio. Provo un senso di panico. Non capisco d'istinto la differenza. Come se avessi una specie di miopia temporale. È solo a Roma, quando comincio a parlare italiano ogni giorno, che mi rendo conto di questo scoglio. Ascoltando i miei amici, raccontando qualcosa al mio insegnante d'italiano, me ne accorgo. Dico *c'è stato scritto* quando si dice *c'era scritto*. Dico *era difficile* quando si dice *è stato difficile*. Mi confondo soprattutto tra *era* ed *è stato:* due facce del verbo essere, quello fondamentale. A Roma, per quasi un anno, la mia confusione diventa un cruccio.

Per aiutarmi, il mio insegnante mi dà qualche immagine: lo sfondo rispetto all'azione centrale. La cornice rispetto al quadro. Una linea sinuosa anziché dritta. Una situazione anziché un fatto.

Si dice *la chiave era sul tavolo.* In questo caso è una linea sinuosa, una situazione. Eppure a me sembra anche un fatto, il fatto che la chiave fosse sul tavolo.

Si dice *siamo stati bene.* Qui abbiamo la linea dritta, una condizione con un sapore definitivo. Eppure a me sembra anche una situazione.

La confusione mi fa pensare a un motivo geometrico, una

I realize that it's impossible to know a foreign language perfectly. For good reason, what confuses me most in Italian is when to use the imperfect and when the simple past. It should be fairly straightforward, but somehow, for me, it isn't. When I have to choose between them, I don't know which is right. I see the fork in the road and I slow down, feeling that I am about to come to a halt. I am filled with doubt; I panic. I don't understand the difference instinctively. It's as if I had a kind of temporal myopia.

Only in Rome, when I start speaking Italian every day, do I become aware of this problem. Listening to my friends, telling my Italian teacher something, I notice it. I say *c'è stato scritto* (there has been written) when one should say *c'era scritto* (there was written). I say, *era difficile* (it was difficult) when one should say *è stato difficile* (it has been difficult). I am confused above all by *era* (it was) and *è stato* (it has been)—two faces of the verb *essere* (to be), a verb that is fundamental. In Rome, for almost a year, my confusion torments me.

To help, my teacher provides some images: the background with respect to the main action. The frame with respect to the picture. A curving line rather than a straight one. A situation rather than a fact.

One says, *la chiave era sul tavolo*, the key was on the table. In this case a curving line, a situation. And yet to me it also seems a fact, the fact that the key was on the table.

One says, *siamo stati bene*, we have been comfortable. Here we have the straight line, a condition that savors of conclusiveness. And yet to me it also seems a situation.

The confusion makes me think of a certain geomet-

specie di illusione ottica come quella che si trova sui pavimenti delle chiese o dei palazzi antichi: una serie di cubetti di tre colori, un disegno semplice ma complesso che inganna l'occhio. L'effetto di quest'illusione è stupefacente, un po' sconcertante: la prospettiva si sposta, per cui si vedono contemporaneamente due versioni della stessa cosa, due possibilità.

Alla ricerca di qualche indizio, noto che con gli avverbi *sempre* e *mai* si usa spesso il passato prossimo: *sono stata sempre confusa*, per esempio. Oppure *non sono mai stata capace di assorbire questa cosa*. Credo di aver scoperto una chiave importante, magari una regola. Poi, sfogliando *È stato così* di Natalia Ginzburg – un titolo che fornisce un altro esempio del problema –, leggo: «Non mi diceva mai che era innamorato di me . . . Francesca aveva sempre tante cose da raccontare . . . Aspettavo sempre la posta». Nessuna regola, solo ancora più confusione.

Un giorno, dopo aver letto *Niente, più niente al mondo*, un romanzo di Massimo Carlotto, sottolineo come una pazza ogni uso del verbo essere al passato. Scrivo tutte le frasi in un quaderno: «Sei stato dolce.» «C'era ancora la lira.» «È stato così fin da quando era giovane.» «Ero certa che tutto sarebbe cambiato in meglio.» Ma questa fatica risulta inutile. Alla fine imparo solo una cosa: dipende dal contesto, dall'intenzione.

ric motif, a kind of optical illusion, that is found in the floors of churches, or old palazzi. It's a series of squares in three colors, a simple but complex design that is deceptive to the eye. The effect of this illusion is astounding, disconcerting—the perspective shifts, so that you see two versions of the same thing, two possibilities, at the same time.

Searching for clues, I note that with the adverbs *sempre* (always) and *mai* (never) one often uses the simple past: *Sono stata sempre confusa* (I've always been confused), for example. Or, *Non sono mai stata capace di assorbire questa cosa* (I've never been able to grasp this thing). I think I've discovered an important key, maybe a rule. Then, reading *È stato così* (*It Has Been Like That* [*The Dry Heart*]), by Natalia Ginzburg—a novel whose title provides another example of this theme—I read, "*Non mi diceva mai che era innamorato di me. . . . Francesca aveva sempre tante cose da raccontare . . . Aspettavo sempre la posta*" (He never told me he was in love with me. . . . Francesca always had lots of stories to tell. . . . I was always waiting for the mail"). No rule, only more confusion.

One day, after reading *Niente, più niente al mondo* (*Nothing, Nothing More in the World*), a novel by Massimo Carlotto, I underline, like a lunatic, every use of the verb *essere* in the past. I write all the sentences in a notebook: "*Sei stato dolce.*" "*C'era ancora la lira.*" "*È stato così fin da quando era giovane.*" "*Ero certa che tutto sarebbe cambiato in meglio.*" ("You were sweet." "The lira was still in use." "He's been like that since he was young." "I was sure that everything would change for the better.") But this labor turns out to be useless. I learn only one thing, in the end: it depends on the context, on the intention.

Ormai, la differenza tra l'imperfetto e il passato prossimo mi dà un po' meno fastidio. So che alla fine di una cena si dice *è stata una bella serata*, ma che *era una bella serata* fino a quando non è piovuto. So che *sono stata in Grecia* per una settimana, ma che *ero in Grecia* quando mi sono ammalata. Capisco che l'imperfetto si riferisce a una specie di preambolo, un'azione aperta, senza confini, senza inizio o termine. Un'azione sospesa anziché contenuta, inchiodata al passato. Capisco che il rapporto tra l'imperfetto e il passato prossimo è un sistema, complesso e preciso, per rendere più tangibile, più vivido, il tempo già trascorso. Un modo di raccontare qualcosa di astratto, di percepire qualcosa che non c'è.

Inutile dire che questo blocco mi fa sentire, appunto, molto imperfetta. Per quanto frustrante, mi sembra un destino. Mi identifico con l'imperfetto, perché un senso d'imperfezione ha segnato la mia vita. Sto provando da sempre a migliorarmi, a correggermi, perché mi sono sempre sentita una persona difettosa.

Per colpa della mia identità divisa, per colpa, forse, del mio carattere, mi considero una persona incompiuta, in qualche modo manchevole. Può darsi che ci sia una causa linguistica: la mancanza di una lingua con cui possa identificarmi. Da ragazzina, in America, provavo a parlare il bengalese alla perfezione, senza alcun accento straniero, per accontentare i miei genitori, soprattutto per sentirmi completamente figlia loro. Ma non era possibile. D'altro canto volevo essere considerata un'americana, ma nonostante parlassi quella lingua perfettamente, non era possibile neanche quello. Ero sospesa

By now the difference between the imperfect and the simple past troubles me a little less. By now I know that one says, at the end of a dinner, *È stata una bella serata* (It's been a lovely evening), but that it was (*era*) a lovely evening until it rained. I know that *sono stata* in Greece for a week, but that *ero* in Greece when I got sick. I understand that the imperfect refers to a sort of introduction—an open-ended action, without boundaries, without beginning or end. An action suspended rather than contained, confined to the past. I understand that the relationship between the imperfect and the simple past is a precise, complex system, to make time gone by more tangible, more vivid. A way of recounting something abstract, of perceiving something that isn't there.

Needless to say, this obstacle makes me feel, in fact, very imperfect. Although it's frustrating, it seems fated. I identify with the imperfect because a sense of imperfection has marked my life. I've been trying to improve myself forever, correct myself, because I've always felt I was a flawed person.

Because of my divided identity, or perhaps by disposition, I consider myself an incomplete person, in some way deficient. Maybe there is a linguistic reason—the lack of a language to identify with. As a girl in America, I tried to speak Bengali perfectly, without a foreign accent, to satisfy my parents, and above all to feel that I was completely their daughter. But it was impossible. On the other hand, I wanted to be considered an American, yet, despite the fact that I speak English perfectly, that was impossible, too. I was suspended rather than rooted. I had two sides, neither well defined. The anxiety I felt, and

anziché radicata. Avevo due lati, entrambi imprecisi. L'ansia che provavo, e talvolta provo ancora, proviene da un senso di inadeguatezza, di essere una delusione.

Qui in Italia, dove mi trovo benissimo, mi sento imperfetta più che mai. Ogni giorno, mentre parlo, mentre scrivo in italiano, mi scontro con l'imperfezione. Questa linea sinuosa lascia una traccia, mi accompagna ovunque. Mi tradisce, rivela che non sono radicata in questa lingua.

Perché mi interessa, da adulta, da scrittrice, questa nuova relazione con l'imperfezione? Cosa mi offre? Direi una chiarezza sbalorditiva, una consapevolezza più profonda di me stessa. L'imperfezione dà lo spunto all'invenzione, all'immaginazione, alla creatività. Stimola. Più mi sento imperfetta, più mi sento viva.

Scrivo fin da piccola per dimenticare le mie imperfezioni, per nascondermi sullo sfondo della vita. In un certo senso la scrittura è un omaggio prolungato all'imperfezione. Un libro, così come una persona, rimane qualcosa di imperfetto, di incompiuto, durante tutta la sua creazione. Alla fine della gestazione la persona nasce, poi cresce. Ma ritengo che un libro sia vivo solo mentre viene scritto. Dopo, almeno per me, muore.

still feel, comes from a sense of inadequacy, of being a disappointment.

Here in Italy, where I'm very comfortable, I feel more imperfect than ever. Every day, when I speak, when I write in Italian, I meet with imperfection. That curving line leaves a trail, it accompanies me everywhere. It betrays me; it reveals that I am not rooted in this language.

Why, as an adult, as a writer, am I interested in this new relationship with imperfection? What does it offer me? I would say a stunning clarity, a more profound self-awareness. Imperfection inspires invention, imagination, creativity. It stimulates. The more I feel imperfect, the more I feel alive.

I've been writing since I was a child in order to forget my imperfections, in order to hide in the background of life. In a certain sense writing is an extended homage to imperfection. A book, like a person, remains imperfect, incomplete, during its entire creation. At the end of the gestation the person is born, then grows, but I consider a book alive only during the writing. Afterward, at least for me, it dies.

L'ADOLESCENTE PELOSO

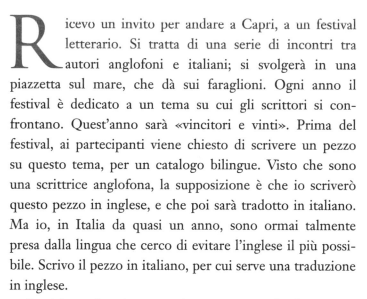

Ricevo un invito per andare a Capri, a un festival letterario. Si tratta di una serie di incontri tra autori anglofoni e italiani; si svolgerà in una piazzetta sul mare, che dà sui faraglioni. Ogni anno il festival è dedicato a un tema su cui gli scrittori si confrontano. Quest'anno sarà «vincitori e vinti». Prima del festival, ai partecipanti viene chiesto di scrivere un pezzo su questo tema, per un catalogo bilingue. Visto che sono una scrittrice anglofona, la supposizione è che io scriverò questo pezzo in inglese, e che poi sarà tradotto in italiano. Ma io, in Italia da quasi un anno, sono ormai talmente presa dalla lingua che cerco di evitare l'inglese il più possibile. Scrivo il pezzo in italiano, per cui serve una traduzione in inglese.

Sarei la traduttrice naturale, ma non ne ho la minima voglia. Non mi interessa, in questo momento, tornare indietro. Anzi, mi fa paura. Quando esprimo la mia riluttanza a mio marito, mi dice: «Ti conviene fare la traduzione da sola. Meglio tu che qualcun altro, altrimenti non sarà sotto il tuo controllo». Seguendo questo consiglio, e avendo il senso del dovere, alla fine decido di tradurmi.

THE HAIRY ADOLESCENT

I receive an invitation to go to Capri, to a literary festival. It consists of a series of conversations between Anglophone and Italian writers, and takes place in a small piazza overlooking the sea, with a view of the rock formations known as the Faraglioni. Every year the festival is devoted to a subject that the writers will discuss with one another. This year, it is "Winners and Losers." Before the festival, the participants are asked to write a piece on this subject, to be printed in a bilingual catalog. Since I'm an Anglophone writer, the assumption is that I will write this piece in English, and it will then be translated into Italian. But, having been in Italy for almost a year, I am now so gripped by the language that I try to avoid English as much as possible. I write the piece in Italian, and so an English translation is needed.

I would be the natural translator, but I don't have the least desire to do it. I'm not interested, at the moment, in going back. In fact, it frightens me. When I express my reluctance to my husband, he says, "You should do the translation yourself. Better you than someone else, otherwise it won't be under your control." Following this

Immaginavo che fosse un compito facilissimo. Una discesa anziché una scalata. Invece mi stupisce quanto lo trovi impegnativo. Quando scrivo in italiano, penso in italiano: per tradurre in inglese, devo risvegliare un'altra parte del cervello. La sensazione non mi piace affatto. Provo un senso di estraneità. Come se mi imbattessi in un fidanzato di cui ero stufa, qualcuno che avevo lasciato anni fa. Non mi seduce più.

Da un lato la traduzione non suona. Mi sembra insulsa, scialba, incapace di esprimere i miei nuovi pensieri. Dall'altro sono sopraffatta dalla ricchezza, la forza, la flessibilità del mio inglese. A un tratto mi vengono in mente migliaia di parole, di sfumature. Una grammatica robusta, nessuna incertezza. Non mi serve alcun dizionario. In inglese non devo inerpicarmi. Mi deprime, questa vecchia conoscenza, questa destrezza. Chi è questa scrittrice, così ben attrezzata? Non la riconosco.

Mi sento infedele. Temo, controvoglia, a malincuore, di aver tradito l'italiano.

Rispetto all'italiano, l'inglese mi sembra prepotente, soggiogante, pieno di sé. Ho l'impressione che, finora in cattività, si sia scatenato e che sia furibondo. Probabilmente, sentendosi trascurato da quasi un anno, ce l'ha con me. Le due lingue si affrontano sulla scrivania, ma il vincitore è già più che ovvio. La traduzione sta divorando il testo originale, lo sta smontando. Mi colpisce quanto questa lotta cruenta esemplifichi il tema del festival, l'argomento stesso del pezzo.

Voglio difendere il mio italiano, che tengo in braccio come un neonato. Voglio coccolarlo. Deve dormire, deve alimentarsi, deve crescere. Rispetto all'italiano, il mio

advice, and having a sense of duty, I decide, in the end, to translate myself.

I imagined that it would be an easy job. A descent rather than an ascent. Instead, I'm astonished at how demanding I find it. When I write in Italian, I think in Italian; to translate into English, I have to wake up another part of my brain. I don't like the sensation at all. I feel alienated. As if I'd run into a boyfriend I'd tired of, someone I'd left years earlier. He no longer appeals to me.

On the one hand, the translation doesn't sound good. It seems insipid, dull, incapable of expressing my new thoughts. On the other, I'm overwhelmed by the richness, the power, the suppleness of my English. Suddenly thousands of words, nuances, come to me. A solid grammar, no hesitations. I don't need a dictionary; in English I don't have to clamber uphill. This old knowledge, this skill, depresses me. Who is this writer, so well equipped? I don't recognize her.

I feel unfaithful. I fear that, against my will, reluctantly, I have betrayed Italian.

Compared with Italian, English seems overbearing, domineering, full of itself. I have the impression that English has been in captivity and, having just been released, is furious. Probably, feeling neglected for almost a year, it's angry at me. The two languages confront each other on the desk, but the winner is already more than obvious. The translation is devouring, dismantling the original text. I'm struck by how this bloody struggle exemplifies the theme of the festival, the very subject of the piece.

I want to protect my Italian, which I hold in my arms

inglese mi sembra un adolescente peloso, puzzolente. Vattene, voglio dirgli. Non molestare il tuo fratellino, sta riposando. Non è una creatura che può correre e può giocare. Non è un ragazzo spensierato, vigoroso, indipendente come te.

Ora mi rendo conto di descrivere il mio rapporto con l'italiano in un altro modo, di aver introdotto una nuova metafora. Finora l'analogia era sempre stata romantica: un colpo di fulmine, un innamoramento. Adesso, mentre traduco me stessa, mi sento la madre di due figli. Mi accorgo di aver cambiato il mio atteggiamento nei confronti della lingua, ma forse il cambiamento riflette uno sviluppo, un percorso naturale. Un tipo d'amore segue l'altro e da un accoppiamento amorevole idealmente nasce una nuova generazione. Provo una passione ancora più intensa, più pura, più trascendente per i miei figli. La maternità è un legame viscerale, un amore incondizionato, una devozione che va oltre l'attrazione e la compatibilità.

Mentre traduco questo breve testo in inglese, mi sento spezzata in due. Non riesco a gestire la tensione, non sono capace di muovermi tra le lingue come un'acrobata. Mi viene in mente la sensazione sgradevole di dover essere due diverse persone allo stesso tempo: una condizione ineluttabile della mia vita. So che Beckett ha tradotto se stesso dal francese all'inglese. Per me non è possibile, perché il mio italiano resta molto più debole. Non sono pari, questi due fratelli, e il mio favorito è il piccolino. Nei confronti dell'italiano non sono neutrale.

Quanto alla traduzione in inglese, la ritengo un obbligo, nient'altro. Lo trovo un processo centripeto. Nessun mistero, nessuna scoperta, nessun incontro con qualcosa al di fuori di me.

like a newborn. I want to coddle it. It has to sleep, eat, grow. Compared with Italian, my English is like a hairy, smelly teenager. Go away, I want to say to it. Don't bother your little brother, he's sleeping. He's not a creature who can run around and play. He's not a carefree, strong, independent kid like you.

Now I realize that I'm describing my relationship with Italian in another way, that I've introduced a new metaphor. Until now the analogy had always been romantic: a falling in love. Now, as I translate myself, I feel like the mother of two children. I notice that I've changed my relation to the language, but maybe this change reflects a development, a natural journey. One type of love follows the other; from a passionate coupling, ideally, a new generation is born. I feel an emotion even more intense, more pure, more transcendent for my children. Maternity is a visceral bond, an unconditional love, a devotion that goes beyond attraction and compatibility.

As I translate this short piece into English, I feel split in two. I can't deal with the tension; I'm incapable of moving like an acrobat between the languages. I'm conscious of the unpleasant sensation of having to be two different people at the same time—an existential condition that has marked my life. I know that Beckett translated himself from French into English. That would be impossible for me, because my Italian remains much weaker. They aren't equal, these two brothers, and the little one is my favorite. Toward Italian, I'm not neutral.

As for the translation into English, I consider it an obligation, nothing more. I find it a centripetal process. No mystery, no discovery, no encounter with something outside myself.

Devo ammettere, però, che viaggiare tra le due versioni risulta utile. Alla fine, lo sforzo della traduzione rende la versione in italiano più chiara, più articolata. Serve alla scrittura, anche se sconvolge la scrittrice.

Credo che tradurre sia il modo più profondo, più intimo di leggere qualcosa. Una traduzione è un bellissimo incontro dinamico tra due lingue, due testi, due scrittori. Implica uno sdoppiamento, un rinnovamento. Nel passato amavo tradurre dal latino, dal greco antico, dal bengalese. È stato un modo di avvicinarmi alle diverse lingue, di sentirmi legata ad autori lontanissimi da me, nello spazio e nel tempo. Tradurre me stessa, da una lingua in cui sono ancora un'apprendista, non è la stessa cosa. Dopo aver faticato per realizzare il testo in italiano mi sento appena sbarcata, stanca ma entusiasta. Voglio fermarmi, orientarmi. Il rientro, prematuro, mi fa male. Sembra una disfatta, un regresso. Sembra distruttivo anziché creativo, quasi un suicidio.

A Capri, faccio la presentazione in italiano. Leggo ad alta voce il mio pezzo su vincitori e vinti. Vedo il testo inglese in blu sulla sinistra, quello italiano, in nero, sulla destra. L'inglese è muto, abbastanza tranquillo. Stampati, rilegati, i fratelli si tollerano. Sono, almeno per il momento, in tregua.

Dopo la lettura comincia una conversazione tra me e due scrittori italiani. C'è anche un'interprete seduta accanto a noi per tradurre in inglese ciò che stiamo dicendo. Dopo qualche frase mi fermo, poi parla lei. Quest'eco in inglese è una cosa incredibile, fantastica: è sia un circolo compiuto sia un rovesciamento totale. Ne sono stupefatta, commossa. Penso a Mantova tredici anni fa e all'interprete senza il quale non potevo esprimermi in italiano davanti

I have to admit, though, that traveling between the two versions turns out to be useful. In the end, the effort of translation makes the Italian version clearer, more articulate. It serves the writing, even if it upsets the writer.

I think that translating is the most profound, most intimate way of reading. A translation is a wonderful, dynamic encounter between two languages, two texts, two writers. It entails a doubling, a renewal. I used to love translating from Latin, from ancient Greek, from Bengali. It was a way of getting close to different languages, of feeling connected to writers very distant from me in space and time. Translating myself, from a language in which I am still a novice, isn't the same thing. I've struggled to complete the text in Italian, and I feel I've just arrived, tired but thrilled. I want to stop, orient myself. The reentry is too soon, it hurts. It seems like a defeat, a regression. It seems destructive rather than creative, almost a suicide.

In Capri, I make my presentation in Italian. I read aloud my piece on winners and losers. I see the English text in blue on the left-hand side of the page, the Italian, in black, on the right. The English is mute, fairly tranquil. Printed and bound, the brothers tolerate each other. They are, at least for the moment, at peace.

After the reading I have a conversation with two Italian writers. Sitting next to us is an interpreter who is to translate what we're saying into English. After a few sentences I stop, and she speaks. This echo in English is incredible, fantastic: both a circle completed and a total reversal. I'm astonished, moved. I think of Mantua thirteen years ago, and of the interpreter without whom I couldn't express

al pubblico. Non pensavo che avrei mai raggiunto questo traguardo.

Ascoltando la mia interprete, mi fido per la prima volta del mio italiano. Sebbene rimanga per sempre il fratello minore, il mingherlino se la cava. Grazie al primogenito riesco a vedere il secondo, ad ascoltarlo, perfino ad ammirarlo un po'.

myself in Italian in public. I didn't think I would ever reach this goal.

Listening to my interpreter, I trust my Italian for the first time. Although he'll remain forever the younger brother, the little guy pulls through. Thanks to the first-born, I can see the second—listen to him, even admire him a little.

IL SECONDO ESILIO

Dopo aver trascorso un anno a Roma torno per un mese in America. Lì, subito, sento la mancanza dell'italiano. Non poterlo parlare e ascoltare ogni giorno mi angoscia. Quando vado nei ristoranti, nei negozi, in spiaggia, m'infastidisco: come mai la gente non parla italiano? Non voglio interagire con nessuno. Provo un sentimento di nostalgia struggente. Tutto ciò che ho assorbito a Roma sembra assente. Torniamo alla metafora materna. Penso alle prime occasioni in cui ho dovuto lasciare i miei figli a casa, appena dopo la nascita. Provavo, all'epoca, un'ansia tremenda. Mi sentivo in colpa, anche se questi brevi momenti di separazione erano normali, importanti sia per me sia per loro. È stato importante stabilire che i nostri corpi, fino allora vincolati, erano indipendenti. Eppure, ora come allora, sono acutamente consapevole di un distacco fisico, doloroso. Come se una parte di me non ci fosse più.

Mi rendo conto della lontananza. Di un silenzio opprimente, insopportabile.

Ogni giorno la mancanza dell'italiano mi colpisce sempre di più. Temo di aver già dimenticato tutto ciò che ho impa-

THE SECOND EXILE

¥

After spending a year in Rome I return to America for a month. Immediately, I miss Italian. Not to be able to speak it and hear it every day distresses me. When I go to restaurants, to shops, to the beach, I'm irritated: Why aren't people speaking Italian? I don't want to interact with anyone. I have an aching sense of homesickness.

Everything I absorbed in Rome seems absent. Returning to the maternal metaphor, I think of the first times I had to leave my children at home, just after they were born. At the time, I felt a tremendous anxiety. I felt guilty, even though those brief moments of separation were normal, important both for me and for them. It was important to establish that our bodies, until then connected, were independent. And yet now, as then, I am acutely conscious of a painful physical detachment. As if a part of me were missing.

I'm aware of the distance. Of an oppressive, intolerable silence.

The absence of Italian assails me more forcefully every day. I'm afraid I've already forgotten everything I learned. I'm afraid of being annihilated. I imagine a devouring vor-

rato. Temo di subire un annientamento. Immagino un vortice divorante, tutte le parole che spariscono nell'oscurità. Faccio sul taccuino una lista di verbi in italiano che indicano l'atto di andarsene: *scomparire, svanire, sbiadire, sfumare, finire. Evaporare, svaporare, svampire. Perdersi, dileguarsi, dissolversi.* So che alcuni sono sinonimi di *morire*.

Soffro, finché non mi chiama, un pomeriggio a Cape Cod, una giornalista da Milano, per intervistarmi. Non vedo l'ora che squilli il telefono, ma mentre parlo con lei mi preoccupo che il mio italiano suoni già imbranato, che la mia lingua sia già fuori allenamento. Una lingua straniera è un muscolo gracile, schizzinoso. Se non lo si usa, s'indebolisce. Il mio italiano, in America, mi suona stonato, trapiantato. Il modo di parlare, i suoni, i ritmi, le cadenze, sembrano sradicati, disambientati. Le parole sembrano senza rilevanza, senza una presenza significativa. Sembrano naufraghe, nomadi.

In America, quando ero giovane, i miei genitori mi parevano sempre in lutto per qualcosa. Ora capisco: doveva essere la lingua. Quarant'anni fa non era facile, per loro, sentire le famiglie al telefono. Aspettavano la posta. Non vedevano l'ora che arrivasse una lettera da Calcutta, scritta in bengalese. La leggevano cento volte, la conservavano. Quelle lettere rievocavano la loro lingua e rendevano presente una vita scomparsa. Quando la lingua con cui ci si identifica è lontana, si fa di tutto per tenerla viva. Perché le parole riportano tutto: il luogo, la gente, la vita, le strade, la luce, il cielo, i fiori, i rumori. Quando si vive senza la propria lingua ci si sente senza peso e, allo stesso tempo, sovraccarichi. Si respira un altro tipo d'aria, a una diversa altitudine. Si è sempre consapevoli della differenza.

tex, all the words disappearing into the darkness. In my notebook I make a list of Italian verbs that signify the act of going away: *scomparire, svanire, sbiadire, sfumare, finire. Evaporare, svaporare, svampire. Perdersi, dileguarsi, dissolversi.* I know that some are synonyms of *morire*, to die.

I suffer until, one afternoon on Cape Cod, a journalist from Milan calls, to interview me. I can't wait for the phone to ring, but as I'm talking to her I'm worried that my Italian already sounds awkward, that my language is already out of practice. A foreign language is a delicate, finicky muscle. If you don't use it, it gets weak. In America, my Italian sounds jarring, transplanted. The manner of speaking, the sounds, the rhythms, the cadences seem uprooted, out of place. The words seem irrelevant, without a meaningful presence. They seem like castaways, nomads.

In America, when I was young, my parents always seemed to be in mourning for something. Now I understand: it must have been the language. Forty years ago it wasn't easy for them to talk to their families on the phone. They looked forward to the mail. They couldn't wait for a letter to arrive from Calcutta, written in Bengali. They read it a hundred times, they saved it. Those letters evoked their language and conjured a life that had disappeared. When the language one identifies with is far away, one does everything possible to keep it alive. Because words bring back everything: the place, the people, the life, the streets, the light, the sky, the flowers, the sounds. When you live without your own language you feel weightless and, at the same time, overloaded. You breathe another type of air, at a different altitude. You are always aware of the difference.

In America, dopo aver vissuto solo un anno in Italia, mi sento un po' così. Eppure qualcosa non mi quadra. Non sono italiana, non sono neanche bilingue. L'italiano rimane per me una lingua imparata da adulta, coltivata, covata.

Un giorno a Cape Cod mi trovo a una vendita di libri di seconda mano, all'aperto, in una specie di piazzetta. Ci sono, sull'erba, tanti tavoli pieghevoli colmi di libri di ogni tipo. Costano pochissimo. Di solito amo frugare per un'oretta e comprare un sacco di cose. Questa volta, però, non voglio comprarc niente, perché tutti i libri sono in inglese. Sentendomi disperata, ne cerco uno in italiano. C'è perfino qualche scatola dedicata ai libri stranieri. Vedo un dizionario tedesco malconcio, dei romanzi francesi sbrindellati, ma non trovo nulla in italiano. Mi attrae solo una guida turistica dell'Italia scritta in inglese, l'unica cosa che compro, solo perché mi fa pensare al rientro a Roma a fine agosto. Tutti gli altri libri, perfino una copia di uno dei miei romanzi, mi lasciano indifferente. Come se fossero scritti in una lingua straniera.

Ora avverto una doppia crisi. Da un lato mi rendo conto dell'oceano, in ogni senso, tra me e l'italiano. Dall'altro, del distacco tra me e l'inglese. Me ne ero già accorta in Italia, traducendo me stessa. Ma penso che un allontanamento sentimentale sia sempre più spiccato, più lancinante quando, nonostante la prossimità, resta una voragine.

Perché non mi sento più a casa in inglese? Come mai non mi rincuora la lingua in cui ho imparato a leggere, a scrivere? Cosa è successo, e cosa significa? Lo straniamento, il disincanto che provo mi confonde, mi turba. Più che mai mi sento una scrittrice senza una lingua definitiva, senza ori-

After living in Italy for only a year, I feel a little like that in America. And yet something doesn't add up. I'm not Italian, I'm not even bilingual. Italian remains for me a language learned as an adult, cultivated, nurtured.

One day on Cape Cod I happen on a secondhand book sale, outside, in a small square. On the grass are a lot of folding tables piled with all types of books. They're very cheap. Usually I like rummaging for an hour or so and buying a bunch of things. This time, however, I don't want to buy anything, because all the books are in English. Feeling desperate, I look for a book in Italian. There are a few boxes devoted to foreign languages. I see a beat-up German dictionary, some tattered French novels, but nothing in Italian. The only thing that attracts me is a tourist guide to Italy written in English; it's the only thing I buy, and only because it makes me think of returning to Rome at the end of August. All the other books, even a copy of one of my own novels, leave me indifferent. As if they were written in a foreign language.

Now I feel a double crisis. On the one hand I'm aware of the ocean, in every sense, between me and Italian. On the other, of the separation between me and English. I'd already noticed it in Italy, translating myself. But I think that emotional distance is always more pronounced, more piercing, when, in spite of proximity, there remains an abyss.

Why don't I feel more at home in English? How is it that the language I learned to read and write in doesn't comfort me? What happened, and what does it mean? The estrangement, the disenchantment confuses, disturbs me. I feel more than ever that I am a writer without

gine, senza definizione. Se sia un vantaggio o uno svantaggio, non saprei.

A metà del mese vado a trovare la mia insegnante veneziana, a Brooklyn. Questa volta non facciamo nessuna lezione, solo una lunga chiacchierata. Parliamo di Roma, della sua famiglia e della mia. Le porto una scatola di biscottini, le faccio vedere delle foto della mia nuova vita. Lei mi regala alcuni dei suoi libri, in edizione tascabile, presi dagli scaffali: i racconti di Calvino, di Pavese, di Silvio d'Arzo. Le poesie di Ungaretti. È l'ultima volta che vengo qui. La mia insegnante sta per trasferirsi, sta per lasciare Brooklyn. Ha già venduto la casa in cui ha vissuto per parecchi anni, dove facevamo le nostre lezioni. Sta per imballare tutto per il trasloco. D'ora in poi quando tornerò in America, a Brooklyn, non la vedrò più.

Torno a casa con un piccolo mucchio di libri italiani, grazie ai quali, nonostante la malinconia che mi pervade, riesco a tranquillizzarmi. In questo periodo di silenzio, di isolamento linguistico, solo un libro può rassicurarmi. I libri sono i mezzi migliori – privati, discreti, affidabili – per scavalcare la realtà.

Leggo in italiano ogni giorno, ma non scrivo. In America divento passiva. Anche se ho portato i dizionari, i quaderni e i taccuini, non riesco a scrivere neanche una parola in italiano. Non descrivo nulla nel diario, non me la sento. Per quanto riguarda la scrittura, rimango inattiva. Come se mi ritrovassi in una sala d'attesa creativa, non faccio altro che aspettare.

Finalmente, a fine agosto, all'aeroporto, all'imbarco, sono circondata di nuovo dall'italiano. Vedo tutti gli italiani che stanno per tornare al loro Paese dopo le vacanze a New

a definitive language, without origin, without definition. Whether it's an advantage or a disadvantage I wouldn't know.

Midway through the month I go to see my Venetian Italian teacher, in Brooklyn. This time we don't have a lesson, just a long chat. We talk about Rome, about her family and mine. I bring her a box of *biscottini*, I show her photographs of my new life. She gives me some of her books, paperbacks, taken down from the shelves: stories by Calvino, Pavese, Silvio d'Arzo. Poems of Ungaretti. It's the last time I'll come here. My teacher is about to move, she's leaving Brooklyn. She's already sold the house where she lived for many years, where we had our lessons. She is preparing to pack everything for the move. From now on, when I return to America, to Brooklyn, I won't see her.

I come home carrying a small pile of Italian books, and with these, in spite of a pervasive melancholy, I am able to calm myself. In this period of silence, of linguistic isolation, only a book can reassure me. Books are the best means—private, discreet, reliable—of overcoming reality.

I read in Italian every day, but I don't write. In America I become passive. Even though I've brought the dictionaries, the exercise books, the notebooks, I can't write even a word in Italian. I describe nothing in the diary, I don't feel like it. As far as writing is concerned, I remain inactive. As if I were in a creative waiting room, all I do is wait.

Finally, at the end of August, at the airport, at the gate, I am surrounded by Italian again. I see all the Italians who are going home after their vacations in New York.

York. Sento le loro chiacchiere. All'inizio provo sollievo, gioia. Subito dopo mi accorgo di non essere come loro. Sono diversa, così come ero diversa dai miei genitori quando andavamo in vacanza dagli Stati Uniti a Calcutta. Non torno a Roma per raggiungere la mia lingua. Torno per continuare a corteggiarne un'altra. Chi non appartiene a nessun posto specifico non può tornare, in realtà, da nessuna parte. I concetti di esilio e di ritorno implicano un punto di origine, una patria. Senza una patria e senza una vera lingua madre, io vago per il mondo, anche dalla mia scrivania. Alla fine mi accorgo che non è stato un vero esilio, tutt'altro. Sono esiliata perfino dalla definizione di esilio.

I hear their chatter. At first I feel relief, joy. Immediately afterward I realize that I'm not like them. I'm different, just as I was different from my parents when we went on vacation to Calcutta. I'm not returning to Rome to rejoin my language. I'm returning to continue my courtship of another.

Those who don't belong to any specific place can't, in fact, return anywhere. The concepts of exile and return imply a point of origin, a homeland. Without a homeland and without a true mother tongue, I wander the world, even at my desk. In the end I realize that it wasn't a true exile: far from it. I am exiled even from the definition of exile.

IL MURO

C'è una trafittura in ogni gioia. In ogni passione fol-
gorante, un lato cupo. Il secondo anno a Roma, dopo Natale, vado con
la mia famiglia a vedere Paestum, e poi ci fermiamo, per un
paio di giorni, a Salerno. Lì, nel centro storico, nella vetrina
di un negozietto, mi capita di vedere dei vestiti carini per i
bambini. Entro con mia figlia. Mi rivolgo alla commessa. La
saluto e le dico che sto cercando dei pantaloni per mia figlia.
Descrivo quello che ho in mente, suggerisco dei colori che
andrebbero bene, aggiungo che a mia figlia non piacciono i
modelli troppo stretti, che preferirebbe qualcosa di comodo.
Insomma, parlo abbastanza a lungo con questa commessa,
in un italiano ormai scorrevole ma non del tutto autentico.

A un certo punto entra mio marito con nostro figlio. A
differenza di me, mio marito, un americano, dall'aspetto
potrebbe sembrare un italiano. Lui e io scambiamo qualche
parola, sempre in italiano, davanti alla commessa. Gli faccio vedere un giubbotto scontato, che sto considerando per
nostro figlio. Lui risponde a monosillabi: va bene, mi piace,
sì, vediamo. Nemmeno una frase intera. Mio marito parla lo
spagnolo alla perfezione, quindi tende a parlare l'italiano con

THE WALL

There is pain in every joy. In every violent passion a dark side.

The second year in Rome, after Christmas, I go with my family to see the temples at Paestum, and afterward we spend a couple of days in Salerno. There, in the center, in a shop window, I notice some nice children's clothes. I go in with my daughter. I turn to the saleswoman. I tell her I'm looking for pants for my daughter. I describe what I have in mind, suggest colors that would suit, and add that my daughter doesn't like styles that are too tight, that she would prefer something comfortable. In other words, I speak for quite a long time with this saleswoman, in an Italian that is fluent but not completely natural.

At a certain point my husband comes in with our son. Unlike me, my husband, an American, looks as if he could be Italian. He and I exchange a few words, in Italian, in front of the saleswoman. I show him a jacket on sale that I'm considering for our son. He answers in monosyllables, Sure, I like it, yes, let's see. Not even an entire sentence. My husband speaks perfect Spanish, so he tends to

un accento spagnolo. Dice *sessenta y uno* invece di *sessantuno*, *bellessa* invece di *bellezza*, *nunca* invece di *mai*, per cui i nostri figli lo prendono in giro. Parla bene l'italiano, mio marito, ma non lo parla meglio di me.

Decidiamo di comprare due paia di pantaloni più il giubbotto. Alla cassa, mentre sto pagando, la commessa mi chiede: «Da dove venite?»

Le spiego che abitiamo a Roma, che ci siamo trasferiti in Italia lo scorso anno da New York. A quel punto la commessa dice: «Ma tuo marito deve essere italiano. Lui parla perfettamente, senza nessun accento».

Ecco il confine che non riuscirò mai a varcare. Il muro che rimarrà per sempre tra me e l'italiano, per quanto bene possa impararlo. Il mio aspetto fisico.

Mi viene da piangere. Vorrei urlare: «Sono io che amo perdutamente la vostra lingua, mio marito no. Lui parla italiano solo perché ne ha bisogno, perché gli capita di vivere qui. Sto studiando la vostra lingua da più di vent'anni, lui nemmeno da due. Non leggo altro che la vostra letteratura. Riesco ormai a parlare in italiano in pubblico, a fare interviste radiofoniche in diretta. Tengo un diario italiano, scrivo dei racconti».

Non dico niente alla commessa. La ringrazio, la saluto, poi esco. Capisco che il mio attaccamento all'italiano non vale niente. Che tutta la mia devozione, tutta la foga non significano nulla. Secondo questa commessa, mio marito sa parlare benissimo l'italiano, va lodato; io no. Mi sento umiliata, indignata, invidiosa. Sono senza parole. Dico finalmente a mio marito, in italiano, quando siamo per strada: «Sono sbalordita».

E mio marito mi chiede, in inglese: «Cosa vuol dire, *sbalordita*?»

speak Italian with a Spanish accent. He says *sessenta y uno* instead of *sessantuno* (sixty-one), *bellessa* instead of *bellezza* (beauty), *nunca* instead of *mai* (never); our children tease him about it. My husband speaks Italian well, but he doesn't speak it better than I do.

We decide to buy two pairs of pants plus the jacket. At the cash register, while I'm paying, the saleswoman asks me: "Where are you from?"

I explain that we live in Rome, that we moved to Italy last year from New York. At that point the saleswoman says: "But your husband must be Italian. He speaks perfectly, without any accent."

Here is the border that I will never manage to cross. The wall that will remain forever between me and Italian, no matter how well I learn it. My physical appearance.

I feel like crying. I would like to shout: "I'm the one who desperately loves your language, not my husband. He speaks Italian only because he needs to, because he happens to live here. I've been studying your language for more than twenty years, he not even for two. I read only your literature. I can now speak Italian in public, do live radio interviews. I keep an Italian diary, I write stories."

I don't say anything to the saleswoman. I thank her, I say goodbye, then I go out. I understand that my attachment to Italian is worthless. That all my devotion, all the passion signify nothing. According to this saleswoman, my husband can speak Italian very well, he should be praised, not me. I feel humiliated, offended, envious. I'm speechless. Finally I say to my husband, in Italian, when we're on the street, *"Sono sbalordita"* (I'm stunned).

And my husband asks me, in English, "What does *sbalordita* mean?"

L'episodio di Salerno è soltanto un esempio del muro che affronto ripetutamente in Italia. Per colpa del mio aspetto fisico, sono percepita come una straniera. È vero, lo sono. Ma essendo una straniera che parla bene l'italiano, ho due esperienze linguistiche, notevolmente diverse, in questo Paese. Quelli che mi conoscono mi parlano in italiano. Loro apprezzano che io capisca la loro lingua, la condividono volentieri con me. Quando parlo in italiano con i miei amici italiani mi sento immersa nella lingua, accolta, accettata. Prendo parte alla lingua: nel teatro dell'italiano parlato credo di aver anch'io un ruolo, una presenza. Con gli amici riesco a discutere per ore, a volte per giorni, senza dover contare su nessuna parola inglese. Sono nel mezzo del lago e sto nuotando a modo mio con loro.

Ma quando vado in un negozio come quello di Salerno mi ritrovo, bruscamente, lanciata sulla sponda. Quelli che non mi conoscono, guardandomi, presuppongono che io non sappia parlare l'italiano. Quando mi rivolgo loro in italiano, quando chiedo qualcosa (una testa d'aglio, un francobollo, l'ora), dicono, perplessi: «Non ho capito». È sempre la stessa risposta, lo stesso cipiglio. Come se il mio italiano fosse un'altra lingua.

Non mi capiscono perché non vogliono capirmi; non vogliono capirmi perché non vogliono ascoltarmi, non vogliono accettarmi. Il muro funziona così. Quando qualcuno non mi capisce può ignorarmi; non deve tenere conto di me. Queste persone mi guardano ma non mi vedono. Non apprezzano che io fatichi per parlare la loro lingua, anzi, questo li infastidisce. A volte, quando parlo italiano in Italia, mi sento rimproverata, come un bambino che tocca un oggetto

The episode in Salerno is only one example of the wall I face repeatedly in Italy. Because of my physical appearance, I'm seen as a foreigner. It's true, I am. But, being a foreigner who speaks Italian well, I have two linguistic experiences, remarkably different, in this country.

Those who know me speak to me in Italian. They appreciate that I understand their language, they gladly share it with me. When I speak Italian with my Italian friends I feel immersed in the language, welcomed, accepted. I take part in the language: in the theater of spoken Italian I think that I, too, have a role, a presence. With friends I can talk for hours, at times for days, without having to rely on any English word. I'm in the middle of the lake and I'm swimming with them, in my own way.

But when I go into a shop like the one in Salerno I find myself abruptly hurled back to shore. People who don't know me assume, looking at me, that I don't know Italian. When I speak to them in Italian, when I ask for something (a head of garlic, a stamp, the time), they say, puzzled, "I don't understand." It's always the same response, the same scowl. As if my Italian were another language.

They don't understand me because they don't want to understand me; they don't understand me because they don't want to listen to me, accept me. That's how the wall works. Someone who doesn't understand me can ignore me, doesn't have to take account of me. Such people look at me but don't see me. They don't appreciate that I am working hard to speak their language; rather, it irritates them. Sometimes when I speak Italian in Italy, I feel reprimanded, like a child who touches an object that shouldn't

che non va toccato. «Non toccare la nostra lingua» alcuni italiani sembrano dirmi. «Non appartiene a te.»

Imparare una lingua straniera è il modo essenziale per integrarsi con gente nuova in un nuovo Paese. Rende possibile un rapporto. Senza la lingua non ci si può sentire una presenza legittima, rispettata. Si rimane senza voce, senza potere. Non si trova, nel muro, alcuna fessura, alcun punto di entrata. So che se rimanessi in Italia per il resto della mia vita, anche se riuscissi a parlare italiano in modo forbito, irreprensibile, resterebbe, per me, questo muro. Penso a chi è nato e cresciuto in Italia, che considera l'Italia la sua patria, che parla l'italiano perfettamente, ma che sembra, agli occhi di alcuni italiani, «straniero».

Mio marito si chiama Alberto. Per lui, basta stendere la mano, basta dire: «Piacere, sono Alberto». Grazie al suo aspetto, grazie al nome, tutti pensano che sia italiano. Quando faccio io la stessa cosa, le stesse persone dicono: «*Nice to meet you*». Quando continuo a parlare in italiano, mi chiedono: «Ma come mai parli così bene l'italiano?» E devo fornire una spiegazione, devo dire il perché. Il fatto che parli italiano sembra loro una cosa insolita. Nessuno rivolge la stessa domanda a mio marito.

Una sera, sto per presentare il mio ultimo romanzo in una libreria a Roma, nel quartiere Flaminio. Sono preparata a dialogare con una mia amica italiana – una scrittrice anche lei – su vari spunti letterari. Prima che inizi la presentazione, un uomo, che io e mio marito abbiamo appena conosciuto, mi chiede se farò la presentazione in inglese. Quando gli rispondo, in italiano, che intendo farla in italiano, mi chiede se ho imparato la lingua da mio marito.

In America, sebbene io parli l'inglese come una madre-

be touched. "Don't touch our language," some Italians seem to say to me. "It doesn't belong to you."

Learning a foreign language is the fundamental way to fit in with new people in a new country. It makes a relationship possible. Without language you can't feel that you have a legitimate, respected presence. You are without a voice, without power. No chink, no point of entrance can be found in the wall. I know that if I stayed in Italy for the rest of my life, even if I were able to speak a polished, impeccable Italian, that wall, for me, would remain. I think of people who were born and grew up in Italy, who consider Italy their homeland, who speak Italian perfectly, but who, in the eyes of certain Italians, seem "foreign."

My husband's name is Alberto. For him, it's enough to extend his hand, to say, "A pleasure, I'm Alberto." Because of his looks, because of his name, everyone thinks he's Italian. When I do the same thing, the same people say, in English, "Nice to meet you." When I continue to speak in Italian, they ask me: "How is it that you speak Italian so well?" and I have to provide an explanation, I have to say why. The fact that I speak Italian seems to them unusual. No one asks my husband that question.

One evening, I'm presenting my latest novel in a bookstore in the Flaminio neighborhood of Rome. I've prepared for a conversation with an Italian friend—also a writer—on various literary topics. Before the presentation begins, a man whom my husband and I have just met asks if I'm going to make the presentation in English. When I answer, in Italian, that I intend to do it in Italian, he asks if I learned the language from my husband.

lingua, pur essendo considerata una scrittrice americana, incontro lo stesso muro, ma per motivi diversi. Ogni tanto, a causa del mio nome, del mio aspetto, qualcuno mi chiede come mai ho scelto di scrivere in inglese piuttosto che nella mia lingua madre. Chi mi incontra per la prima volta – quando mi vede, poi impara il nome, poi sente la maniera in cui parlo inglese – mi chiede da dove vengo. Devo giustificare la lingua in cui parlo, anche se la conosco alla perfezione. Se non parlo, anche tanti americani credono che io sia una straniera. Mi ricordo un tizio, un giorno, per strada, che voleva darmi un volantino pubblicitario. Stavo tornando da una biblioteca a Boston; all'epoca stavo scrivendo la mia tesi di dottorato sulla letteratura inglese del diciassettesimo secolo. Quando ho rifiutato di prendere il volantino, il tizio mi ha gridato: «*What the fuck is your problem, can't speak English?*»

Non posso evitare il muro neanche in India, a Calcutta, nella città della mia cosiddetta lingua madre. Lì, a parte i miei parenti che mi conoscono da sempre, quasi tutti pensano che io, nata e cresciuta fuori dall'India, parli solo inglese, o che capisca appena il bengalese. Nonostante il mio aspetto e il nome indiano, si rivolgono a me in inglese. Quando rispondo in bengalese, esprimono la stessa sorpresa di certi italiani, di certi americani. Nessuno, da nessuna parte, dà per scontato che io parli le lingue che sono una parte di me.

Sono una scrittrice: mi identifico a fondo con la lingua, lavoro con essa. Eppure il muro mi tiene a distanza, mi separa. Il muro è qualcosa di inevitabile. Mi circonda ovunque vada, per cui mi chiedo se forse il muro non sia io.

Scrivo per rompere il muro, per esprimermi in modo puro. Quando scrivo non c'entra il mio aspetto, il mio nome.

In America, although I speak English like a native, although I'm considered an American writer, I meet the same wall but for different reasons. Every so often, because of my name, and my appearance, someone asks me why I chose to write in English rather than in my native language. Those who meet me for the first time— when they see me, then learn my name, then hear the way I speak English—ask me where I'm from. I have to justify the language I speak in, even though I know it perfectly. If I don't speak, even many Americans think I'm a foreigner. I remember running into a man on the street one day who wanted to give me an advertising flyer. I was returning from a library in Boston; at the time I was writing my doctoral thesis, on English literature in the seventeenth century. When I refused to take the flyer, the man yelled: *"What the fuck is your problem, can't speak English?"*

I can't avoid the wall even in India, in Calcutta, in the city of my so-called mother tongue. There, apart from my relatives who have known me forever, almost everyone thinks that, because I was born and grew up outside India, I speak only English, or that I scarcely understand Bengali. In spite of my appearance and my Indian name, they speak to me in English. When I answer in Bengali, they express the same surprise as certain Italians, certain Americans. No one, anywhere, assumes that I speak the languages that are a part of me.

I'm a writer: I identify myself completely with language, I work with it. And yet the wall keeps me at a distance, separates me. The wall is inevitable. It surrounds me wherever I go, so that I wonder if perhaps the wall is me.

Vengo ascoltata senza essere vista, senza pregiudizi, senza filtro. Sono invisibile. Divento le mie parole, e le parole diventano me.

Quando scrivo in italiano devo accettare un secondo muro, altissimo, ancora più ermetico: il muro della lingua in sé. Ma dal punto di vista creativo questo muro linguistico, per quanto esasperante, m'interessa, mi ispira.

Un ultimo esempio: un giorno a Roma vado a pranzo con il mio editore italiano e sua moglie all'Hotel d'Inghilterra. Parliamo della pubblicazione del mio ultimo romanzo in Italia, e di cosa sto scrivendo ora, del mio desiderio di scrivere qualcosa sul mio rapporto con la lingua italiana. Parliamo di Anna Maria Ortese e di altri autori italiani che mi piacerebbe tradurre. Il mio editore mi sembra entusiasta di questi nuovi progetti che ho in mente. Dice che quel che vorrei fare – scrivere, per il momento, in italiano – gli sembra una buona idea.

Dopo pranzo, nella vetrina di un negozio di scarpe e borse in via del Corso, vedo qualcosa di bello. Entro nel negozio. Questa volta non dico nulla. Taccio. Ma la commessa, vedendomi, chiede subito: «*May I help you?*» Quattro parole garbate che, ogni tanto in Italia, mi spezzano il cuore.

I write in order to break down the wall, to express myself in a pure way. When I write, my appearance, my name have nothing to do with it. I am heard without being seen, without prejudices, without a filter. I am invisible. I become my words, and the words become me.

When I write in Italian I have to accept a second wall, which is very high and even more impermeable: the wall of language itself. But from the creative point of view that linguistic wall, however exasperating, interests me, inspires me.

A last example: one day in Rome I go to have lunch with my Italian publisher and his wife at the Hotel d'Inghilterra. We talk about the publication of my latest book in Italy, and about what I'm writing now, about my desire to write something about my relationship with the Italian language. We talk about Anna Maria Ortese and other Italian writers I'd like to translate. My publisher seems enthusiastic about these new projects I have in mind. He says that what I'd like to do—write, for the moment, in Italian—seems to him a good idea.

After lunch, something catches my eye in the window of a shop selling shoes and purses on Via del Corso. I go into the shop. This time I say nothing. I'm silent. But the saleswoman, seeing me, says immediately, in English, "May I help you?"—four polite words that every so often in Italy break my heart.

IL TRIANGOLO

V orrei soffermarmi sulle tre lingue che conosco. A questo punto mi serve un resoconto del mio rapporto con ciascuna, e dei collegamenti tra loro. Il primo idioma della mia vita è stato il bengalese, tramandato dai miei genitori a me. Per quattro anni, finché non sono andata a scuola in America, è stata la mia lingua principale, in cui mi sono sentita a mio agio, anche se sono nata e cresciuta in Paesi in cui mi circondava un'altra lingua: l'inglese. Il mio primo incontro con l'inglese è stato duro, sgradevole: quando sono stata mandata all'asilo sono rimasta traumatizzata. Mi era difficile fidarmi delle maestre e fare amicizie, perché dovevo esprimermi in una lingua che non parlavo, che conoscevo a malapena, che mi sembrava estranea. Volevo soltanto tornare a casa, alla lingua in cui ero conosciuta, ero amata.

Qualche anno dopo, però, il bengalese ha fatto un passo indietro, quando sono diventata una lettrice. Avevo sei o sette anni. Da allora la mia lingua madre non è stata più capace, da sola, di crescermi. In un certo senso è morta. È arrivato l'inglese, una matrigna.

THE TRIANGLE

I would like to pause for a moment on the three languages I know. At this point a summary of my relationship with each one, and of the links between them, would be helpful.

My very first language was Bengali, handed down to me by my parents. For four years, until I went to school in America, it was my main language, and I felt comfortable in it, even though I was born and grew up in countries where I was surrounded by another language: English. My first encounter with English was harsh and unpleasant: when I was sent to nursery school I was traumatized. It was hard for me to trust the teachers and make friends, because I had to express myself in a language that I didn't speak, that I barely knew, that seemed to me foreign. I just wanted to go home, to the language in which I was known, and loved.

A few years later, however, Bengali took a step backward, when I began to read. I was six or seven. From then on my mother tongue was no longer capable, by itself, of rearing me. In a certain sense it died. English arrived, a stepmother.

Sono diventata una lettrice appassionata per conoscere la matrigna, per decifrarla, per soddisfarla. Eppure la lingua madre rimaneva un fantasma esigente, ancora presente. I miei genitori volevano che io parlassi soltanto il bengalese con loro e con tutti i loro amici. Se parlavo inglese a casa mi rimproveravano. La parte di me che parlava inglese, che andava a scuola, che leggeva e scriveva, era un'altra persona. Non riuscivo a identificarmi con nessuna delle due. Una era sempre celata dietro l'altra, ma mai completamente, così come la luna piena può nascondersi quasi tutta la notte dietro una massa di nuvole per poi emergere di colpo, abbagliante. Nonostante parlassi soltanto il bengalese con i miei, c'era sempre l'inglese nell'aria, per la strada, sulle pagine dei miei libri. D'altro canto, ogni giorno, dopo aver parlato in inglese per parecchie ore in aula, tornavo a casa, un luogo dove l'inglese non c'era. Mi rendevo conto di dover parlare entrambe le lingue benissimo: l'una per compiacere i miei genitori, l'altra per sopravvivere all'America. Restavo sospesa, combattuta tra queste due lingue. L'andirivieni linguistico mi scompigliava; mi sembrava una contraddizione che non potevo risolvere.

Non andavano d'accordo, queste due mie lingue. Mi sembravano avversarie incompatibili, l'una insofferente all'altra. Pensavo che non avessero nulla in comune tranne me, per cui mi sentivo una contraddizione in termini anch'io.

Per la mia famiglia l'inglese rappresentava una cultura straniera alla quale non voleva arrendersi. Il bengalese rappresentava la parte di me che apparteneva ai miei genitori, che non apparteneva all'America. Nessuna mia maestra a scuola, nessuna mia amica è stata mai incuriosita dal fatto che io parlassi un'altra lingua. Non lo apprezzavano, non mi

I became a passionate reader by getting to know my stepmother, deciphering her, satisfying her. And yet my mother tongue remained a demanding phantom, still present. My parents wanted me to speak only Bengali with them and all their friends. If I spoke English at home they scolded me. The part of me that spoke English, that went to school, that read and wrote, was another person.

I couldn't identify with either. One was always concealed behind the other, but never completely, just as the full moon can hide almost all night behind a mass of clouds and then suddenly emerge, dazzling. Even though I spoke only Bengali with my family, there was always English in the air, on the street, in the pages of books. On the other hand, after speaking English for hours in the classroom, I came home every day to a place where there was no English. I realized that I had to speak both languages extremely well: the one to please my parents, the other to survive in America. I remained suspended, torn between the two. The linguistic coming and going confused me; it seemed a contradiction that I couldn't resolve.

Those two languages of mine didn't get along. They were incompatible adversaries, intolerant of each other. I thought they had nothing in common except me, so that I felt like a contradiction in terms myself.

For my family English represented a foreign culture that they didn't want to give in to. Bengali represented the part of me that belonged to my parents, that didn't belong to America. None of my teachers, none of my friends were ever curious about the fact that I spoke another language. They attached no importance to it, didn't ask about it. It

chiedevano niente. Non gli interessava, come se quella parte di me, quella capacità, non ci fosse. Così come l'inglese per i miei genitori, il bengalese, per gli americani che conoscevo da ragazza, rappresentava una cultura remota, sconosciuta, sospetta. O forse in realtà non rappresentava niente. A differenza dei miei, che conoscevano bene l'inglese, gli americani erano del tutto inconsapevoli della lingua che parlavamo a casa. Per loro il bengalese era qualcosa che potevano tranquillamente ignorare.

Più leggevo e imparavo in inglese più mi identificavo, da ragazza, con esso. Cercavo di essere come le mie amiche, che non parlavano nessun'altra lingua. Che avevano, secondo me, una vita normale. Mi vergognavo di dover parlare in bengalese davanti alle mie compagne americane. Odiavo sentire mia madre al telefono se mi capitava di essere da una mia amica. Volevo occultare, quanto più possibile, il mio rapporto con quella lingua. Volevo negarlo.

Mi vergognavo di parlare bengalese, e al contempo mi vergognavo di provare vergogna. Non era possibile parlare in inglese senza avvertire un distacco dai miei genitori, senza provare una sensazione inquietante di separazione. Parlando in inglese, mi trovavo in uno spazio in cui mi sentivo isolata, in cui non ero più sotto la loro protezione.

Vedevo le conseguenze del non parlare l'inglese alla perfezione, di parlarlo con un accento straniero. Vedevo il muro che i miei genitori affrontavano quasi ogni giorno in America. Era una loro insicurezza persistente. Dovevo spiegare il significato di alcuni termini a loro, come se fossi io il genitore. A volte parlavo per loro. Nei negozi americani i commessi tendevano a rivolgersi a me, semplicemente perché non avevo, in inglese, un accento straniero. Come se mio

didn't interest them, as if that part of me, that capacity, weren't there. Just as English did for my parents, Bengali represented for the Americans I knew as a child a remote culture, unknown, suspect. Or maybe in reality it represented nothing. Unlike my parents, who knew English well, the Americans were completely oblivious of the language that we spoke at home. Bengali was something they could easily ignore.

The more I read and learned in English, the more, as a girl, I identified with it. I tried to be like my friends, who didn't speak any other language. Who, in my opinion, had a normal life. I was ashamed to have to speak Bengali in front of my American friends. I hated hearing my mother on the telephone if I happened to be at a friend's house. I wanted to hide, as far as possible, my relationship with the language. I wanted to deny it.

I was ashamed of speaking Bengali and at the same time I was ashamed of feeling ashamed. It was impossible to speak English without feeling detached from my parents, without an unsettling sense of separation. Speaking English, I found myself in a space where I felt isolated, where I was no longer under their protection.

I saw the consequences of not speaking English perfectly, of speaking with a foreign accent. I saw the wall that my parents faced in America almost every day. It was a persistent insecurity for them. Sometimes I had to explain the meaning of certain terms, as if I were the parent. Sometimes I spoke for them. In shops the salespeople tended to address me, simply because my English didn't have a foreign accent. As if my father and mother, with their accent, couldn't understand.

padre e mia madre, con il loro accento, non potessero capire. Detestavo l'atteggiamento di quei commessi nei confronti dei miei genitori. Volevo difenderli. Avrei voluto protestare: «Loro capiscono tutto quello che dite, mentre voi non siete capaci di capire nemmeno una parola né del bengalese né di nessun'altra lingua al mondo». Eppure dava fastidio anche a me se i miei pronunciavano una parola inglese in modo sbagliato. Li correggevo, impertinente. Non volevo che fossero vulnerabili. Non mi piaceva il mio vantaggio, il loro svantaggio. Avrei voluto che parlassero l'inglese esattamente come me.

Ho dovuto giostrarmi tra queste due lingue finché, a circa venticinque anni, non ho scoperto l'italiano. Non c'era alcun bisogno di imparare questa lingua. Nessuna pressione familiare, culturale, sociale. Nessuna necessità.

L'arrivo dell'italiano, il terzo punto sul mio percorso linguistico, crea un triangolo. Crea una forma anziché una linea retta. Un triangolo è una struttura complessa, una figura dinamica. Il terzo punto cambia la dinamica di questa vecchia coppia litigiosa. Io sono figlia di quei punti infelici, ma il terzo non nasce da loro. Nasce dal mio desiderio, dalla mia fatica. Nasce da me.

Credo che studiare l'italiano sia una fuga dal lungo scontro, nella mia vita, tra l'inglese e il bengalese. Un rifiuto sia della madre sia della matrigna. Un percorso indipendente.

Dove mi porta, questo nuovo tragitto? Dove finisce la fuga, e quando? Dopo essere fuggita, cosa farò? In realtà non è una fuga nel senso stretto della parola. Pur fuggendo, mi accorgo che sia l'inglese sia il bengalese mi affiancano. Così come in un triangolo, un punto conduce inevitabilmente all'altro.

I hated the attitude of these salespeople toward my parents. I wanted to defend them. I would have liked to protest: "They understand everything you say, while you can't understand even a word of Bengali or any other language in the world." And yet it annoyed me as well when my parents mispronounced an English word. I corrected them, impertinently. I didn't want them to be vulnerable. I didn't like my advantage, their disadvantage. I would have liked them to speak English as I did.

I had to joust between those two languages until, at around the age of twenty-five, I discovered Italian. There was no need to learn that language. No family, cultural, social pressure. No necessity.

The arrival of Italian, the third point on my linguistic journey, creates a triangle. It creates a shape rather than a straight line. A triangle is a complex structure, a dynamic figure. The third point changes the dynamic of that quarrelsome old couple. I am the child of those unhappy points, but the third does not come from them. It comes from my desire, my labor. It comes from me.

I think that studying Italian is a flight from the long clash in my life between English and Bengali. A rejection of both the mother and the stepmother. An independent path.

Where is this new path leading me? Where does the flight end, and when? After fleeing, what will I do? It's not really a flight in the strict sense of the word. Although I'm fleeing, I realize that both English and Bengali are beside me. Just as in a triangle, one point leads inevitably to another.

L'inglese e l'italiano sembrano i punti più vicini. Avendo in comune molte parole di origine latina, condividono un certo territorio. Inutile dire che mi capita spesso in italiano di incontrare una parola che conosco già grazie all'equivalente inglese. Non posso negare che la mia comprensione dell'inglese mi aiuti. Ma può anche ingannarmi. Ogni tanto penso di capire il significato di una parola in italiano grazie alla radice latina, ma quando devo definirla mi sbaglio, e mi rendo conto di non aver imparato bene il significato neanche in inglese. La mia comprensione dell'italiano più cresce, più svela una debolezza anche in inglese. Il processo approfondisce la mia comprensione di entrambe le lingue, per cui la fuga mi sembra anche un ritorno.

Al di là della comune radice indoeuropea, il bengalese e l'italiano sembrano due punti molto più distanti di quanto siano l'italiano e l'inglese. Hanno, per quanto ne sappia, solo una parola dal significato in comune: *gola*. In bengalese si dice *chi* per *che*, e *che* per significare *chi*. Sono sciocchezze. Eppure il bengalese mi aiuta in un altro modo. Grazie al fatto che sono cresciuta parlando bengalese, non parlo l'italiano con un accento anglofono. Per quanto riguarda la pronuncia dell'italiano, ho una lingua già adattata, condizionata. Riconosco tutte le consonanti, le vocali, i dittonghi italiani; li trovo naturali. Dal punto di vista fonetico, trovo il bengalese molto più vicino all'italiano rispetto all'inglese. Devo ammettere, dunque, che in questa fuga, per certi versi, anche il bengalese mi accompagna, mi aiuta.

Da dove viene l'impulso di introdurre una terza lingua nella mia vita, di creare questo triangolo? Come appare? È un triangolo equilatero, o no?

Se lo disegnassi userei una penna per rendere il lato

English and Italian seem to be the two closest points. Having in common many words of Latin origin, they share a certain territory. Needless to say, I often come across a word in Italian that I already know thanks to the English equivalent. I can't deny that my comprehension of English helps. But it can also mislead me. Every so often, I think I know the meaning of a word in Italian because of the Latin root, but when I have to define it I'm wrong, and I realize that I haven't learned the proper meaning in English, either. The more my comprehension of Italian increases, the more it reveals a weakness in English. The process deepens my understanding of both languages, and thus the flight is also a return.

The distance between Bengali and Italian, apart from their shared Indo-European roots, seems much greater than that between Italian and English. As far as I know, they have only one word with a meaning in common: *gola* (throat). In Bengali one says *chi* (who) for *che* (that), and *che* to mean *chi*. These are trifles. And yet Bengali helps me in another way. Because I grew up speaking Bengali, I don't speak Italian with an Anglophone accent. My tongue is already adapted, conditioned for the pronunciation of Italian. I recognize all the Italian consonants, the vowels, the diphthongs; I find them natural. From the phonetic point of view, I find Bengali much closer to Italian than to English. I have to admit, therefore, that in certain ways Bengali, too, accompanies me, helps me in this flight.

Where does the impulse to introduce a third language into my life, to create this triangle, come from? What does the triangle look like? Is it equilateral or not?

If I were drawing it I would use a pen to draw

inglese, una matita per gli altri due. L'inglese rimane la base, il lato più stabile, fisso. Il bengalese e l'italiano sono entrambi più deboli, indistinti. L'uno ereditato, l'altro adottato, voluto. Il bengalese è il mio passato, l'italiano, magari, una nuova stradina nel futuro. La mia prima lingua è la mia origine, l'ultima, il traguardo. In entrambe mi sento una bambina, un po' goffa.

Temo che i lati a matita possano sparire, così come un disegno può essere cancellato da una gomma. Il bengalese sarà portato via quando non ci saranno più i miei genitori. È una lingua che loro personificano, che loro incarnano. Quando saranno morti, cesserà di essere fondamentale nella mia vita.

L'italiano resta una lingua esterna. Potrebbe sparire anche quella, soprattutto quando dovrò lasciare l'Italia, se non continuerò a coltivarla.

L'inglese rimane il presente: permanente, indelebile. La matrigna non mi abbandona. Per quanto sia una lingua imposta, mi ha regalato una voce pulita, corretta, per sempre.

Penso che questo triangolo sia una specie di cornice. E che questa cornice contenga il mio autoritratto. La cornice mi definisce, ma cosa contiene?

Per tutta la mia vita ho voluto vedere, dentro la cornice, qualcosa di specifico. Volevo che dentro la cornice ci fosse uno specchio capace di riflettere un'immagine precisa, nitida. Volevo vedere una persona integra anziché frammentata. Ma questa persona non c'era. Per colpa della mia doppia identità vedevo solo oscillazione, distorsione, dissimulazione. Vedevo qualcosa di ibrido, di sfocato, di sempre confuso.

Penso che non poter vedere un'immagine specifica dentro la cornice sia il rovello della mia vita. L'assenza dell'im-

the English side, a pencil for the other two. English remains the base, the most stable, fixed side. Bengali and Italian are both weaker, indistinct. One inherited, the other adopted, desired. Bengali is my past, Italian, maybe, a new road into the future. My first language is my origin, the last the goal. In both I feel like a child, a little clumsy.

I'm scared that the pencil sides might disappear, just as a drawing can be rubbed out by an eraser. Bengali will be taken away when my parents are no longer there. It's a language that they personify, that they embody. When they die, it will no longer be fundamental to my life.

Italian remains an external language. It, too, might disappear, especially when I have to leave Italy, if I don't continue to pursue it.

English remains the present: permanent, indelible. My stepmother won't abandon me. Even though the language was imposed on me, it has given me a clear, correct voice, forever.

I think that this triangle is a kind of frame. And that the frame contains my self-portrait. The frame defines me, but what does it contain?

All my life I wanted to see, in the frame, something specific. I wanted a mirror to exist inside the frame that would reflect a precise, sharp image. I wanted to see a whole person, not a fragmented one. But that person wasn't there. Because of my double identity I saw only fluctuation, distortion, dissimulation. I saw something hybrid, out of focus, always jumbled.

I think that not being able to see a specific image in the frame is the torment of my life. The absence of the

magine che cercavo mi pesa. Ho paura che lo specchio non rifletta altro che un vuoto, che non rifletta nulla.

Vengo da questo vuoto, da questa incertezza. Credo che il vuoto sia la mia origine e anche il mio destino. Da questo vuoto, da tutta questa incertezza, viene l'impulso creativo. L'impulso di riempire la cornice.

image I was seeking distresses me. I'm afraid that the mirror reflects only a void, that it reflects nothing.

I come from that void, from that uncertainty. I think that the void is my origin and also my destiny. From that void, from all that uncertainty, comes the creative impulse. The impulse to fill the frame.

LA METAMORFOSI

P oco prima che iniziassi a scrivere queste riflessioni ho ricevuto un'email da un mio amico a Roma, lo scrittore Domenico Starnone. Riferendosi al mio desiderio di appropriarmi dell'italiano, ha scritto: «Una lingua nuova è quasi una vita nuova, grammatica e sintassi ti rifondono, scivoli dentro un'altra logica e un altro sentimento». Quanto mi hanno rinfrancato queste parole. Sembravano echeggiare il mio stato d'animo dopo essere arrivata a Roma e dopo aver cominciato a scrivere in italiano. Contenevano tutta la mia smania, tutto il mio spaesamento. Leggendo questo messaggio, ho capito meglio il desiderio di esprimermi in una nuova lingua: riuscire a sottopormi, da scrittrice, a una metamorfosi.

Nello stesso periodo in cui ho ricevuto questo messaggio, qualcuno mi ha chiesto, durante un'intervista, quale fosse il mio libro preferito. Ero a Londra, su un palco con cinque altri scrittori. Di solito mi secca, questa domanda: non esiste, per me, nessun libro definitivo, perciò non so mai come rispondere. Questa volta, però, sono riuscita a rispondere senza alcuna esitazione che il mio libro preferito era *Le metamorfosi* di Ovidio. Lo considero un testo maestoso, un

THE METAMORPHOSIS

S hortly before I began to write these reflections, I received an email from a friend of mine in Rome, the writer Domenico Starnone. Referring to my desire to appropriate Italian, he wrote, "A new language is almost a new life, grammar and syntax recast you, you slip into another logic and another sensibility." How much those words reassured me. They seemed to echo my state of mind after I came to Rome and started to write in Italian. They contained all my yearning, all my disorientation. Reading this message, I understood better the impulse to express myself in a new language: to subject myself, as a writer, to a metamorphosis.

Around the same time that I received this note, I was asked, during an interview, what my favorite book was. I was in London, on a stage with five other writers. It's a question that I usually find annoying; no book has been definitive for me, so I never know how to answer. This time, though, I was able to respond without any hesitation that my favorite book was the *Metamorphoses* of Ovid. It's a majestic work, a poem that concerns everything, that reflects everything. I read it for

poema che riguarda tutto, che rispecchia tutto. L'ho letto per la prima volta venticinque anni fa, in latino. Ero una studentessa universitaria negli Stati Uniti. È stato un incontro indimenticabile, forse la lettura più soddisfacente della mia vita. Per raggiungere questo poema ho dovuto ostinarmi, traducendo ogni parola. Ho dovuto dedicarmi a una lingua straniera, antica, esigente. Eppure la scrittura di Ovidio mi ha conquistata, ne sono rimasta ammaliata. Ho scoperto un'opera sublime, in un linguaggio vivo, trascinante. Come ho già detto, credo che leggere in una lingua straniera sia il modo più intimo di leggere.

Mi ricordo come se fosse ieri il momento in cui Dafne, la ninfa, si trasforma in un albero di alloro. Sta fuggendo da Apollo, il dio incalzante che la desidera. Lei vorrebbe restare sola, casta, dedita, come la vergine Diana, al bosco e alla caccia. La ninfa, stremata, incapace di sfuggire al dio, supplica suo padre Peneo, una divinità fluviale, di aiutarla. Scrive Ovidio: «Ha appena finito questa preghiera, che un pesante torpore le pervade le membra, il tenero petto si fascia di una fibra sottile, i capelli si allungano in fronde, le braccia in rami; il piede, poco prima così veloce, resta inchiodato da pigre radici, il volto svanisce in una cima». Quando Apollo poggia la mano sul tronco di quest'albero «sente il petto trepidare ancora sotto la corteccia fresca».

La metamorfosi è un processo sia violento che rigenerativo, sia una morte che una nascita. Non è chiaro dove finisca la ninfa e dove inizi l'albero; il bello di questa scena è che raffigura la fusione di due elementi, di entrambi gli esseri. Si vedono, una accanto all'altra, le parole che descrivono sia Dafne che l'albero (nel testo latino *frondem/crines, ramos/bracchia, cortice/pectus*). La contiguità di queste parole,

the first time twenty-five years ago, in Latin, as a university student in the United States. It was an unforgettable encounter, maybe the most satisfying reading of my life. To understand this poem I had to be persistent, translating every word. I had to devote myself to an ancient and demanding foreign language. And yet Ovid's writing won me over: I was enchanted by it. I discovered a sublime work, a living, enthralling language. As I said, I believe that reading in a foreign language is the most intimate way of reading.

I remember vividly the moment when the nymph Daphne is transformed into a laurel tree. She is fleeing Apollo, the love-struck god who pursues her. She would like to remain alone, chaste, dedicated to the forest and the hunt, like the virgin Diana. Exhausted, the nymph, unable to outstrip the god, begs her father, Peneus, a river divinity, to help her. Ovid writes, "She has just ended this prayer when a heaviness pervades her limbs, her tender breast is bound in a thin bark, her hair grows into leaves, her arms into branches; her foot, a moment before so swift, remains fixed by sluggish roots, her face vanishes into a treetop." When Apollo places his hand on the trunk of this tree "he feels the breast still trembling under the new bark."

Metamorphosis is a process that is both violent and regenerative, a death and a birth. It's not clear where the nymph ends and the tree begins; the beauty of this scene is that it portrays the fusion of two elements, of both beings. The words that describe both Daphne and the tree are right next to each other (in the Latin text, *frondem/crines*, *ramos/bracchia*, *cortice/pectus*; leaves/hair, branches/arms,

una giustapposizione letterale, rinforza lo stato di contraddizione, di intrecciamento. Ci dà una duplice impressione, spiazzante. Esprime il concetto nel senso mitico, direi primordiale, di essere due cose allo stesso tempo. Di essere qualcosa di indistinto, di ambiguo. Di avere una doppia identità.

Finché non si è trasmutata, Dafne corre per salvarsi la vita. Adesso sta ferma, non riesce più a muoversi. Apollo può toccarla ma non può possederla. Per quanto sia crudele, la metamorfosi è la sua salvezza. Da un lato perde la sua indipendenza. Dall'altro, come albero, si ferma per sempre nel bosco, il luogo che le è proprio, in cui si gode un altro tipo di libertà.

Come ho detto prima, penso che la mia scrittura in italiano sia una fuga. Sviscerando la mia metamorfosi linguistica, mi rendo conto che sto cercando di allontanarmi da qualcosa, di emanciparmi. Dopo aver scritto in italiano per quasi due anni mi sento già trasformata, quasi rinata. Ma il cambiamento, questa nuova apertura, costa: come Dafne, anch'io mi trovo inchiodata. Non riesco a muovermi come prima, nello stesso modo in cui ero abituata a muovermi in inglese. Ora una nuova lingua, l'italiano, mi copre come una specie di corteccia. Resto dentro: rinnovata, incastrata, sollevata, scomoda.

Come mai sto fuggendo? Cosa m'insegue? Chi vorrebbe trattenermi?

La risposta più ovvia sarebbe: la lingua inglese. Ma ritengo che non sia tanto l'inglese in sé quanto tutto ciò che ha simboleggiato per me. Per quasi tutta la mia vita ha rappresentato una lotta estenuante, un conflitto struggente, un continuo senso di fallimento da cui deriva quasi tutta la mia

bark/breast). The contiguity of these words, their literal juxtaposition, reinforces the state of contradiction, of entanglement. It gives us a double impression, throwing us off. It expresses in the mythical, I would say primordial, sense the meaning of being two things at the same time. Of being something undefined, ambiguous. Of having a dual identity.

Until she is transformed, Daphne is running for her life. Now she is stopped; she can no longer move. Apollo can touch her but he can't possess her. Though cruel, the metamorphosis is her salvation. On the one hand, she loses her independence. On the other, as a tree, she remains forever in the wood, her place, where she has another sort of freedom.

As I said before, I think that my writing in Italian is a flight. Dissecting my linguistic metamorphosis, I realize that I'm trying to get away from something, to free myself. I've been writing in Italian for almost two years, and I feel that I've been transformed, almost reborn. But the change, this new opening, is costly; like Daphne, I, too, find myself confined. I can't move as I did before, the way I was used to moving in English. Now a new language, Italian, covers me like a kind of bark. I remain inside: renewed, trapped, relieved, uncomfortable.

Why am I fleeing? What is pursuing me? Who wants to restrain me?

The most obvious answer is the English language. But I think it's not so much English in itself as everything the language has symbolized for me. For practically my whole life English has represented a consuming struggle, a wrenching conflict, a continuous sense of failure that is

angoscia. Ha rappresentato una cultura da dover scalare, da interpretare. Temevo che rappresentasse una spaccatura tra me e i miei genitori. L'inglese significa un aspetto del mio passato pesante, ingombrante. Ne sono stanca. Eppure, ne ero innamorata. Sono diventata una scrittrice in inglese. E poi, in modo piuttosto precipitoso, sono diventata una scrittrice famosa. Ho ricevuto un premio che ero convinta di non meritare, che mi sembrava uno sbaglio. Per quanto sia stato un onore, ne sono rimasta insospettita. Non sono riuscita a unirmi a quel riconoscimento, che ha cambiato la mia vita. Da allora in poi sono stata considerata un'autrice di successo, per cui ho smesso di sentirmi un'apprendista, sconosciuta, quasi anonima. Tutta la mia scrittura scaturisce da un luogo nel quale mi sento invisibile, inaccessibile. Ma un anno dopo la pubblicazione del mio primo libro ho perso il mio anonimato.

Scrivendo in italiano, penso di fuggire sia i miei fallimenti nei confronti dell'inglese sia il mio successo. L'italiano mi offre un percorso letterario ben diverso. In quanto scrittrice posso smantellarmi, posso ricostruirmi. Posso radunare parole e lavorare alle frasi senza mai essere considerata un'esperta. Fallisco per forza quando scrivo in italiano, ma a differenza del mio senso di fallimento nel passato, non ne resto tormentata, amareggiata.

Se dico che ora sto scrivendo in una nuova lingua, molti reagiscono male. Negli Stati Uniti, alcuni mi consigliano di non farlo. Dicono che non vogliono leggermi tradotta da una lingua straniera. Non vogliono che io cambi. In Italia, anche se tanti mi incoraggiano a fare questo passo e mi sostengono, mi viene chiesto tuttavia come mai io abbia voglia di scrivere in una lingua letta, nel mondo, molto meno di quanto

the source of almost all my anxiety. It has represented a culture that had to be mastered, interpreted. I was afraid that it meant a break between me and my parents. English denotes a heavy, burdensome aspect of my past. I'm tired of it.

And yet I was in love with it. I became a writer in English. And then, rather precipitously, I became a famous writer. I received a prize that I was sure I did not deserve, that seemed to me a mistake. Although it was an honor, I remained suspicious of it. I couldn't connect myself to that recognition, and yet it changed my life. Since then I've been considered a successful author, so I've stopped feeling like an unknown, almost anonymous apprentice. All my writing comes from a place where I feel invisible, inaccessible. But a year after my first book was published I lost my anonymity.

By writing in Italian, I think I am escaping both my failures with regard to English and my success. Italian offers me a very different literary path. As a writer I can demolish myself, I can reconstruct myself. I can join words together and work on sentences without ever being considered an expert. I'm bound to fail when I write in Italian, but, unlike my sense of failure in the past, this doesn't torment or grieve me.

If I mention that I'm writing in a new language these days, many people react negatively. In the United States, some advise me not to do it. They say they don't want to read me translated from a foreign tongue. They don't want me to change. In Italy, even though many have encouraged me to take this step, many support me, I'm still asked why I have a desire to write in a language that

lo sia l'inglese. Alcuni dicono che la mia rinuncia all'inglese potrebbe essere rovinosa, che la mia fuga potrebbe condurmi in una trappola. Non capiscono la ragione per cui voglio correre un tale rischio.

Non mi stupiscono, le loro reazioni. Una trasformazione, soprattutto se è voluta, cercata, è spesso percepita come qualcosa di sleale, di minaccioso. Sono figlia di una madre che non ha voluto mai cambiare se stessa. Continuava negli Stati Uniti, il più possibile, a vestirsi, comportarsi, mangiare, pensare, vivere come se non avesse mai lasciato l'India, Calcutta. Il rifiuto di modificare il suo aspetto, le sue abitudini, i suoi atteggiamenti, era la sua strategia per resistere alla cultura americana, soprattutto per combatterla, per mantenere la sua identità. Diventare o perfino somigliare a un'americana avrebbe significato una sconfitta totale. Quando torna a Calcutta, mia madre si sente orgogliosa perché, anche se ha passato quasi cinquant'anni lontano dall'India, sembra una che è sempre rimasta lì.

Io sono il contrario. Mentre il rifiuto di cambiare era la ribellione di mia madre, la voglia di trasformarmi è la mia. «C'era una donna ... che voleva essere un'altra persona»: non è un caso che *Lo scambio*, il mio primo racconto in italiano, inizi con questa frase. Per tutta la vita ho provato ad allontanarmi dal vuoto della mia origine. Era il vuoto che mi sgomentava, da cui fuggivo. Ecco perché non ero mai soddisfatta di me. Alterare me stessa sembrava l'unica soluzione. Scrivendo, ho scoperto un modo di nascondermi nei miei personaggi, di eludermi. Di sottopormi a una mutazione dopo l'altra.

Si potrebbe dire che il meccanismo metamorfico sia l'unico elemento della vita che non cambia mai. Il percorso di

is much less widely read in the world than English. Some say that my renunciation of English could be disastrous, that my escape could lead me into a trap. They don't understand why I want to take such a risk.

These reactions don't surprise me. A transformation, especially one that is deliberately sought, is often perceived as something disloyal, threatening. I am the daughter of a mother who would never change. In the United States, she continued, as far as possible, to dress, behave, eat, think, live as if she had never left India, Calcutta. The refusal to modify her aspect, her habits, her attitudes was her strategy for resisting American culture, for fighting it, for maintaining her identity. Becoming or even resembling an American would have meant total defeat. When my mother returns to Calcutta, she is proud of the fact that, in spite of almost fifty years away from India, she seems like a woman who never left.

I am the opposite. While the refusal to change was my mother's rebellion, the insistence on transforming myself is mine. "There was a woman . . . who wanted to be another person": it's no accident that "The Exchange," the first story I wrote in Italian, begins with that sentence. All my life I've tried to get away from the void of my origin. It was the void that distressed me, that I was fleeing. That's why I was never happy with myself. Change seemed the only solution. Writing, I discovered a way of hiding in my characters, of escaping myself. Of undergoing one mutation after another.

One could say that the mechanism of metamorphosis is the only element of life that never changes. The journey

ogni individuo, di ogni Paese, di ogni epoca storica, dell'universo intero e tutto ciò che contiene, non è altro che una serie di mutamenti, a volte sottili, a volte profondi, senza i quali resteremmo fermi. I momenti di transizione, in cui qualcosa si tramuta, costituiscono la spina dorsale di tutti noi. Che siano una salvezza o una perdita, sono i momenti che tendiamo a ricordare. Danno un'ossatura alla nostra esistenza. Quasi tutto il resto è oblio.

Credo che il potere dell'arte sia il potere di svegliarci, di colpirci fino in fondo, di cambiarci. Cosa cerchiamo leggendo un romanzo, guardando un film, ascoltando un brano di musica? Cerchiamo qualcosa che ci sposti, di cui non eravamo consapevoli, prima. Vogliamo trasformarci, così come il capolavoro di Ovidio ha trasformato me.

Nel mondo animale una metamorfosi è qualcosa di previsto, di naturale. Vuol dire un passaggio biologico, fasi specifiche che conducono, alla fine, a uno sviluppo completo. Quando un bruco si è trasformato in farfalla non c'è più un bruco ma una farfalla. L'effetto della metamorfosi è radicale, permanente. Avendo perso la vecchia forma, ne assume una nuova, irriconoscibile. Rispetto alla creatura precedente ha nuovi tratti fisici, una nuova bellezza, nuove capacità.

Una metamorfosi totale non è possibile nel mio caso. Posso scrivere in italiano ma non posso diventare una scrittrice italiana. Nonostante io scriva questa frase in italiano, la parte di me condizionata a scrivere in inglese resta. Penso a Fernando Pessoa, che ha inventato quattro versioni di se stesso: quattro autori separati, distinti, grazie ai quali è riuscito a oltrepassare i confini di sé. Forse quello che sto facendo, tramite l'italiano, somiglia più alla sua tattica. Non

of every individual, every country, every historical epoch, of the entire universe and all it contains, is nothing but a series of changes, at times subtle, at times deep, without which we would stand still. The moments of transition, in which something changes, constitute the backbone of all of us. Whether they are a salvation or a loss, they are moments that we tend to remember. They give a structure to our existence. Almost all the rest is oblivion.

I think that the power of art is the power to wake us up, strike us to our depths, change us. What are we searching for when we read a novel, see a film, listen to a piece of music? We are searching, through a work of art, for something that alters us, that we weren't aware of before. We want to transform ourselves, just as Ovid's masterwork transformed me.

In the animal world metamorphosis is expected, natural. It means a biological passage, including various specific phases that lead, ultimately, to complete development. When a caterpillar is transformed into a butterfly it's no longer a caterpillar but a butterfly. The effect of the metamorphosis is radical, permanent. The creature has lost its old form and gained a new, almost unrecognizable one. It has new physical features, a new beauty, new capacities.

A total metamorphosis isn't possible in my case. I can write in Italian, but I can't become an Italian writer. Despite the fact that I'm writing this sentence in Italian, the part of me conditioned to write in English endures. I think of Fernando Pessoa, a writer who invented four versions of himself: four separate, distinct writers, thanks to which he was able to go beyond the confines of himself.

è possibile diventare un'altra scrittrice, ma forse sarebbe possibile esserne due.

Curiosamente, mi sento più protetta quando scrivo in italiano, anche se sono molto più esposta. È vero che una nuova lingua mi copre, ma a differenza di Dafne ho una protezione permeabile, mi trovo quasi senza pelle. Sebbene mi manchi una corteccia spessa, sono, in italiano, una scrittrice indurita, che cresce diversamente, radicata di nuovo.

Maybe what I'm doing, by means of Italian, resembles his tactic. It's not possible to become another writer, but it might be possible to become two.

Oddly, I feel more protected when I write in Italian, even though I'm also more exposed. It's true that a new language covers me, but unlike Daphne I have a permeable covering, I'm almost without a skin. And although I don't have a thick bark, I am, in Italian, a tougher, freer writer, who, taking root again, grows in a different way.

SONDARE

❧

Tra il 1948 e il 1950, gli ultimi due anni della sua vita, Cesare Pavese, in quanto collaboratore della casa editrice Einaudi, scrive una serie di lettere a Rosa Calzecchi Onesti, ormai famosa per le sue innovative traduzioni dell'*Iliade* e dell'*Odissea*. Tramite una fitta e vivace corrispondenza fra Torino e Cesena, Pavese, che non conosce la traduttrice di persona, la spinge a rendere Omero in maniera fedele ma moderna in italiano, e a puntare a un linguaggio meno arcaico, più piano. Leggendo con scrupolo, confrontando meticolosamente la traduzione con il testo originale, esaminando tutto con cura, Pavese reagisce a ogni canto, ogni riga, ogni immagine, ogni parola. Le sue lettere sono zeppe di suggerimenti, ritocchi, opinioni. Interviene con schiettezza, ma sempre in modo rispettoso, cordiale. Tra le proposte in un lungo elenco: «Insisterei per *bellissima* invece di *eletta per bellezza* che dà un inutile tono 'sublime'»; «Meglio che *uccisore d'uomini* mi pare *assassino*»; «*Del mare* che io faccio *marino*». Di tanto in tanto condivide pienamente una scelta di Calzecchi Onesti; per quanto riguarda il classico epiteto omerico, *il mare*

PLUMBING THE DEPTHS

❧

B etween 1948 and 1950, the last two years of his life, Cesare Pavese, as a consultant for the publishing house Einaudi, writes a series of letters to Rosa Calzecchi Onesti, today famous for her innovative translations of the *Iliad* and the *Odyssey*. Through a dense and lively correspondence between Turin and Cesena, Pavese, who didn't know the translator in person, pushes her to translate Homer into a faithful but modern Italian, aiming at a less archaic, plainer language. Reading with close attention, meticulously comparing the translation with the original text, examining all of it with care, Pavese reacts to every book, every line, every image, every word. His letters are full of suggestions, amendments, opinions. He intervenes frankly but always in a respectful, cordial way. Among the proposals in a long list: "I would insist on *bellissima* [very beautiful] rather than *eletta per bellezza* [outstanding in beauty] which gives a needlessly 'sublime' tone"; "*Assassino* [murderer] seems to me better than *uccisore d'uomini* [killer of men]"; "*Del mare* [of the sea] I would make *marino* [marine]." Sometimes he fully approves a decision that Calzecchi Onesti has made;

colore del vino, scrive: «Sono d'accordo per il mare cupo. Via il vino».

Pavese e Calzecchi Onesti fanno quello che fanno tutti gli scrittori al mondo, e chiunque si occupi di scrittura: cercano di trovare la parola giusta, di selezionare alla fine quella più azzeccata, ficcante. Si tratta di passare al setaccio, un processo estenuante, a volte esasperante. Chi scrive non può evitarlo. Il cuore del mestiere risiede qui. Le lettere di Pavese svelano una conoscenza possente, intima della propria lingua. Come scrittrice miro a fare come lui, ma posso farlo solo in inglese. Non posso tuffarmi nell'italiano con la stessa profondità. Posso sperare di scrivere in modo corretto, optare per una parola alternativa. Ma non possiedo un vocabolario vissuto, stagionato fin dall'infanzia. Non posso scrutare l'italiano con la stessa precisione. Non posso valutare un testo italiano, nemmeno scritto da me, dalla stessa prospettiva.

Tuttavia, l'impulso di scovare la parola giusta resta irrefrenabile, per cui, perfino in italiano, ci provo. Controllo il dizionario dei sinonimi, sfoglio il taccuino. Infilo un nuovo vocabolo, appena letto la mattina sul giornale. Ma spesso i miei primi lettori scuotono la testa, dicendo semplicemente: «Non suona». Dicono che la parola che vorrei usare è considerata ormai datata, che appartiene a un registro o troppo basso o troppo raffinato, che suona o leziosa o troppo colloquiale (così ho imparato l'aggettivo *aulico*). Dicono che l'ordine delle parole non è autentico, che la punteggiatura non funziona. Non c'entra, necessariamente, la correttezza. Dicono che un italiano non si esprimerebbe così.

regarding the classic Homeric epithet "wine-dark sea," he writes, "I agree with dark sea. Out with the wine."

Pavese and Calzecchi Onesti are doing what all the writers in the world do, along with those who are involved with writing: they are trying to find the right word, to choose, finally, the one that is most exact, most incisive. It's a process of sifting, which is exhausting and, at times, exasperating. Writers can't avoid it. The heart of the craft lies there.

Pavese's letters reveal a powerful, intimate knowledge of his own language. As a writer I aim at doing what he does, but I can do it only in English. I can't dive into Italian to the same depths. I can hope to write correctly, choose an alternative word. But I don't have a vocabulary that has been experienced, seasoned since childhood. I can't examine Italian with the same precision. I can't evaluate an Italian text, not even one written by me, from the same perspective.

Yet the impulse to track down the right word remains irrepressible, so even in Italian I try. I check the thesaurus, I leaf through my notebook. I put in a new word, just read that morning in the newspaper. But my first readers often shake their heads, saying simply, "It doesn't sound right." They say that the word I'd like to use is now considered dated, that it belongs to a register too low or too refined, that it sounds either precious or too colloquial (thus I learned the adjective *aulico*, lofty). They say that the word order isn't natural, that the punctuation doesn't work. Correctness doesn't necessarily enter into it. They say that an Italian would not express himself like that.

Devo ascoltare quei lettori, devo seguire il loro consiglio. Devo togliere la parola scorretta o sbagliata e cercarne un'altra. Non posso difendere la mia scelta: non si può contraddire un madrelingua. Devo accettare che in italiano sono parzialmente sorda e cieca, per cui temo di essere una scrittrice spuria.

Ho ormai un vocabolario ampio, ma rimane qualcosa di strampalato. Mi sento vestita in modo strambo, come se portassi una lunga gonna elegante di un'altra epoca, una maglietta sportiva, un cappello di paglia e un paio di ciabatte. Questo effetto sgraziato, questi toni scombinati potrebbero essere la conseguenza della distanza, fin dall'inizio, tra me e l'italiano: l'aver assorbito la lingua per anni da lontano, da varie fonti, prima di aver vissuto in Italia. Per due anni sono riuscita a imparare la lingua in modo agevole, quotidianamente. Ma ora che leggo in italiano, il mio lessico è anche plasmato da un amalgama di scrittori di varie epoche storiche che scrivono in diversi stili. Sui miei taccuini elenco le parole di Manganelli, Verga, Elena Ferrante, Leopardi, senza fare alcuna distinzione. Diceva Beckett che scrivere in francese gli permetteva di scrivere senza stile. Da un lato sono d'accordo: si potrebbe dire che la mia scrittura in italiano sia una specie di pane sciapo. Funziona, ma il solito sapore non c'è.

Dall'altro lato, credo che ci sia uno stile, almeno un carattere. La lingua mi sembra una cascata. Non mi serve ogni goccia, eppure continuo ad avere sete. Sospetto, dunque, che il problema non sia la mancanza di stile ma forse una sovrabbondanza dalla quale mi sento ancora travolta. Ciò che mi manca in italiano è una vista acuta, per cui non riesco a limare uno stile specifico. Per di più non riesco a coglierlo.

I have to listen to those readers, I have to follow their advice. I have to remove the incorrect or wrong word and look for another. I can't defend my choice: one can't contradict a native speaker. I have to accept that in Iᴛ lian I am partly deaf and blind, and so I'm afraid of being a spurious writer.

I now have quite an extensive vocabulary, but it's an eccentric one. I feel as if I were dressed in an outlandish manner, wearing a long, elegant skirt of another era, a T-shirt, a straw hat, and slippers. That graceless effect, those muddled tones might be the consequence of the distance, from the beginning, between me and Italian: of my having absorbed the language for years from afar, from a variety of sources, before I lived in Italy. For two years I've been learning the language in a comfortable, daily way. But now that I read in Italian my vocabulary is also molded by an amalgam of writers, of various historical epochs, who write in diverse styles. In my notebooks I list words of Manganelli, Verga, Elena Ferrante, Leopardi, without making any distinction. Beckett said that writing in French allowed him to write without style. On the one hand I agree: one could say that my writing in Italian is a type of unsalted bread. It works, but the usual flavor is missing.

On the other hand, I think that it does have a style, or at least a character. The language seems like a waterfall. I don't need every drop, and yet I'm still thirsty. I suspect, therefore, that the problem isn't the absence of style but perhaps an excess, by which I feel overwhelmed. What I lack in Italian is a sharp vision, and so I can't hone a specific style. Furthermore I can't grasp it. If I happen to

Se mi capita di formulare una bella frase in italiano, non riesco a capire esattamente perché è bella.

Resto, in italiano, una scrittrice inconsapevole, consapevole solo di essere camuffata. In realtà mi sento una bambina che si intrufola nell'armadio della madre per mettersi le scarpe coi tacchi, un vestito da sera, gioielli preziosi, una pelliccia. Temo di essere colta sul fatto, di essere rimproverata, rimandata in camera mia. «Devi aspettare» direbbe mia madre. «Questa roba è troppo grande per te.» Ha ragione lei. Non riesco a camminare con disinvoltura nelle sue scarpe. La collana mi pesa, inciampo nell'orlo del vestito. Dentro la pelliccia, per quanto sia elegante, sudo.

Come la marea il mio lessico s'innalza e si abbassa, viene e se ne va. Le parole aggiunte ogni giorno sul taccuino sono labili. Impiego un'ora per scegliere quella giusta, ma poi, spesso, la dimentico. Ormai quando incontro una parola sconosciuta in italiano conosco già un paio di termini, sempre in italiano, per esprimere la stessa cosa. Per esempio, di recente ho imparato *accantonare*, conoscendo già *rinviare* e *sospendere*. Ho scoperto *travalicare*, conoscendo già *oltrepassare* e *superare*. Ho sottolineato *tracotante*, conoscendo già *arrogante* e *prepotente*. Poco tempo fa ho acquisito *azzeccato* e *ficcante;* prima avrei usato *adatto, appropriato*.

Faccio del mio meglio per colpire il bersaglio, ma quando prendo la mira, non si sa dove arriverà la freccia. Almeno cento volte mentre scrivevo i capitoli di questo libro mi sono sentita talmente demoralizzata, talmente affranta che avrei voluto smettere di farlo. In quei momenti tenebrosi la mia scrittura italiana non mi è sembrata altro che un'impresa folle, una salita troppo ripida. Se voglio continuare a scrivere

formulate a good sentence in Italian, I can't understand exactly why it's good.

I remain, in Italian, an ignorant writer, aware only that I'm in disguise. In fact I feel like a child who sneaks into her mother's closet to try on the high-heeled shoes, an evening dress, some jewelry, a fur coat. I'm afraid of being caught in the act, of being rebuked, sent to my room. "You have to wait," my mother would say. "These things are too big for you." She's right. I can't walk in the shoes. The necklace feels heavy, I stumble on the hem of the dress. Although the fur coat is stylish, I'm sweating inside it.

Like the tide, my vocabulary rises and falls, comes and goes. The words added every day in the notebook are transient. I spend an hour choosing the right one, but then, often, I forget it. Now when I encounter an unfamiliar word in Italian I already know several terms, also in Italian, to express the same thing. For example I recently learned *accantonare* (set aside), already knowing *rinviare* and *sospendere*. I discovered *travalicare* (cross over), already knowing *oltrepassare* and *superare*. I underlined *tracotante* (arrogant), already knowing *arrogante* and *prepotente*. A little while ago I acquired *azzeccato* (well aimed, exact) and *ficcante* (incisive); before, I would have used *adatto*, *appropriato*.

I do my best to hit the target, but when I take aim I never know where the arrow will land. At least a hundred times while I was writing the chapters of this book I felt so demoralized, so disheartened, that I would have liked to stop. In those dark moments my Italian writing seemed to me a mad undertaking, a slope too steep. Yet if I want to

in italiano devo resistere a quei momenti burrascosi in cui il cielo si scurisce, in cui mi dispero, in cui temo di non poterne più.

Invidio Pavese, la sua capacità di sondare l'italiano fino al fondo. Ma penso anch'io di aver fatto un sondaggio attraverso queste riflessioni. Indagando la mia scoperta della lingua, penso di aver fatto un'indagine su di me. Il verbo *sondare* vuol dire *esplorare, esaminare*. Vuol dire, letteralmente, *misurare la profondità* di qualcosa. Secondo il mio dizionario questo verbo significa «cercare di conoscere, di capire qualcosa, in particolare i pensieri e le intenzioni di altri». Implica distacco, incertezza; implica uno stato di immersione. Significa ricerca, metodica e accanita, di qualcosa che resta sempre fuori portata. Un verbo azzeccato che spiega alla perfezione questo mio progetto.

go on writing in Italian I have to withstand those stormy moments when the sky darkens, when I despair, when I fear I'm at the end of my rope.

I envy Pavese, and his capacity to plumb Italian to the depths. But I think that I, too, have taken a sounding by way of these reflections. Investigating my discovery of the language, I think I have investigated myself. The verb *sondare* means "to explore, to examine." It means, literally, to measure the depth of something. According to my dictionary the verb means "seek to know, to understand something, in particular the thoughts and intentions of others." It implies detachment, uncertainty; it implies a state of immersion. It means methodical, stubborn research, into something that remains forever out of reach. A well-aimed verb that perfectly explains my project.

L'IMPALCATURA

Ho concepito e scritto questo libro in una biblioteca nel ghetto di Roma. Quando sono venuta in questa città per la prima volta, più di dieci anni fa, è stato il primo quartiere che ho scoperto. Resta il mio preferito. Non dimenticherò mai l'emozione di vedere il portico di Ottavia, a poca distanza dall'appartamento che avevamo preso in affitto per una settimana. Mi colpì talmente che dopo esser tornata a New York scrissi, in inglese, un racconto ambientato nel ghetto, in cui descrivevo i resti del portico: «Le colonne smangiate e circondate dalle impalcature, il frontone massiccio al quale mancavano porzioni significative». All'epoca questo complesso antico, danneggiato, frammentato, rifatto varie volte, ancora in piedi, per me incarnava il senso della città. Oggi mi dà la metafora con cui vorrei chiudere questa serie di pensieri.

Scrivo per sentirmi sola. Fin da ragazzina è stato un modo di ritirarmi, di ritrovarmi. Mi servono il silenzio e la solitudine. Quando scrivo in inglese do per scontato di poterlo fare senza aiuto. Qualcuno può darmi un suggerimento, può indicare qualche problema. Ma per quanto riguarda il percorso linguistico, sono autosufficiente.

THE SCAFFOLDING

I conceived and wrote this book in a library in the ghetto in Rome. When I came to the city for the first time, more than ten years ago, it was the first neighborhood I discovered. It remains my favorite. I'll never forget the emotion of seeing the Portico di Ottavia, a short distance from the apartment we had rented for a week. It made such an impression that after returning to New York I wrote, in English, a story set in the ghetto, in which I described the ruins of the portico: "its chewed-up columns girded with scaffolding, its massive pediment with significant chunks missing." At the time, this ancient complex, ravaged, in pieces, rebuilt many times, yet still standing, for me embodied the sense of the city. And now it gives me the metaphor with which I would like to end this series of reflections.

I write to feel alone. Ever since I was a child it has been a way of withdrawing, of finding myself. I need silence and solitude. When I write in English I take for granted that I can do it without help. Someone may give me a suggestion, point out a problem. But in terms of the linguistic journey I am self-sufficient.

In italiano ho seguito un altro sentiero. Ero da sola nella biblioteca, è vero. Mentre scrivevo non c'era nessuno con me. Il mio unico compagno era un volume delle poesie e delle lettere di Emily Dickinson, la solitaria poetessa americana che trascorse tutta la vita nel Massachusetts, non lontano da dove sono cresciuta io. Un bel libro, rosso, tradotto in italiano, che aveva attirato per caso la mia attenzione tra tutti gli altri sugli scaffali della biblioteca. Spesso, prima di iniziare un nuovo pezzo, leggevo un poema o una delle lettere di Dickinson. È diventato, per me, una specie di rituale. Un giorno ho trovato queste righe: «Sento che sto navigando sull'orlo di uno spaventoso abisso, a cui non posso sfuggire e nel quale temo che la mia fragile barchetta presto scivoli se non ricevo aiuto dall'alto». Sono rimasta folgorata. Scrivendo questi capitoli, mi sono sentita esattamente così.

Li ho scritti in ordine, uno dopo l'altro, come se fossero i compiti per le mie lezioni d'italiano. Per sei mesi, più o meno ogni settimana sono riuscita ad abbozzarne uno. Non ho mai affrontato un progetto di scrittura in maniera così metodica. Ho inviato la prima stesura al mio insegnante, il mio primo lettore. Durante le lezioni ci abbiamo lavorato insieme. È stato un processo rigoroso, nuovo sia per me sia per lui. Lui ha visto tutti gli errori grossolani, tutti i peccati mortali: «gli penso» invece di «ci penso», «sono chiesta» invece di «mi viene chiesto». All'inizio mi faceva una serie di appunti abbondanti, puntigliosi («Attenzione a non utilizzare troppi verbi sostantivati»; «*Mica* è troppo colloquiale»; «*Lasciarsi* alle spalle. *Lasciare* non è sbagliato ma è meno autentico»). Per il primo racconto, che era lungo meno di cinquecento parole, ha fatto trentadue note in fondo alla pagina. Mi ha dato parole in alternativa, mi ha corretto (e rimproverato)

In Italian I've taken a different path. I was alone in the library, it's true. While I was writing no one was with me. My only companion was a volume of the poems and letters of Emily Dickinson, the solitary poet who spent her entire life in Massachusetts, not far from where I grew up. A beautiful red book, an Italian translation, that among all the others on the library shelves happened to draw my attention. Often, before starting a new piece, I would read one of the poems or letters. It became a kind of ritual. One day I found these lines: "I feel that I am sailing upon the brink of an awful precipice, from which I cannot escape & over which I fear my tiny boat will soon glide if I do not receive help from above." I was amazed. Writing these chapters, I felt exactly like that.

I wrote them in order, one after the other, as if they were homework for my Italian lessons. For six months, I drafted one more or less every week. I'd never undertaken a writing project in such a methodical way. I sent the first draft to my teacher, who was the first reader. During our lessons we worked together. It was a rigorous process, both for me and for him. He saw all the gross mistakes, all the mortal sins: *gli penso* rather than *ci penso, sono chiesta* rather than *mi viene chiesto* (I think about him, I'm asked). At first he gave me a series of copious, punctilious notes. ("Be careful not to use too many verbs as nouns"; "*Mica*"—at all, it's not like—"is too colloquial"; "*Lasciarsi alle spalle*"—leave behind. "*Lasciare* isn't wrong but it's less natural.") For the first story, which was less than five hundred words long, he made thirty-two notes at the bottom of the page. He gave me alternative words, he corrected (and rebuked) me when for the hundredth time I made a

quando sbagliavo per l'ennesima volta un congiuntivo, un gerundio, un periodo ipotetico. Mi ha spiegato come l'inglese mi braccasse. Ha indicato, sempre con pazienza, quante volte una preposizione sbagliata rompeva le scatole.

Dopo aver preparato un testo più o meno pulito con l'insegnante, ho fatto vedere ogni pezzo a due lettrici, entrambe scrittrici. Loro mi hanno suggerito delle modifiche più sottili. Con loro ho analizzato il testo dal punto di vista tematico piuttosto che grammaticale, in modo da capire davvero quello che facevo. Mi hanno spiegato quale impatto avevano su di loro questi miei pensieri. Mi hanno sempre detto la cosa più importante che avevo bisogno di sentire: vai avanti.

La terza tappa, l'ultima, sono stati gli editor di «Internazionale», la rivista in cui questi testi sono comparsi per la prima volta, che mi hanno dato un'opportunità impagabile. Hanno capito il mio desiderio di esprimermi in una nuova lingua, hanno rispettato la stranezza del mio italiano, hanno accettato la natura, sperimentale, un po' claudicante, della scrittura. Lavorando insieme, abbiamo fatto gli ultimi ritocchi prima della pubblicazione, mettendo alla prova ogni frase, ogni parola. Grazie a loro sono riuscita a fare questo salto linguistico, creativo. Sono riuscita a raggiungere nuovi lettori italiani e, infine, a raggiungere una nuova parte di me.

Il giorno in cui è uscito il primo articolo, pur avendo un carattere abbastanza schivo, mi sono talmente emozionata che avrei voluto annunciare la notizia in mezzo alla piazza. Mi sono sentita così solo quando è stato pubblicato il mio primo racconto in inglese, più di vent'anni fa. Credevo, all'epoca, che sarei riuscita a provare quella gioia solo una volta nella vita.

Tutti i miei primi lettori mi hanno fornito uno specchio

mistake in the subjunctive, a gerund, a conditional clause. He explained how English stalked me. He pointed out, always patiently, how many times a wrong preposition screwed things up.

After preparing a more or less clean text with my teacher, I showed every piece to two readers, both writers. They suggested more subtle modifications. With them I analyzed the text from a thematic rather than a grammatical point of view, in such a way as to really understand what I was doing. They explained what sort of impact my reflections had on them, and they always said the most important thing I needed to hear: keep going.

The third and last stage consisted of the editors at *Internazionale*, the magazine where the essays first appeared, who provided an invaluable opportunity. They understood my desire to express myself in a new language, they respected the oddness of my Italian, they accepted the experimental, somewhat halting nature of the writing. Working together, we made the final fixes before publication, examining every sentence, every word. Thanks to them I was able to make this creative linguistic leap. I was able to reach new Italian readers and, ultimately, a new part of myself.

The day the first article came out, I was so excited that, even though I'm fairly shy by nature, I would have liked to stand in the middle of the piazza and shout out the news. I'd only ever felt that way when my first story was published in English, more than twenty years ago. At the time, I imagined I would feel that sort of joy only once in my life.

All my first readers provided a critical mirror. As I said

critico. Come ho detto prima, non sono capace di vedere con chiarezza ciò che scrivo in italiano. Ma più che altro questi lettori mi hanno sostenuta, come le impalcature sostengono tantissimi edifici a Roma, sia in rovina sia in costruzione. Benché questo progetto sia stato una specie di collaborazione, scrivere in italiano mi lascia più isolata rispetto all'inglese. Ora mi sento estranea agli scrittori anglofoni con cui sono linguisticamente imparentata e sono per forza diversa da quelli italiani. Quando penso agli autori che hanno deciso, per vari motivi, di lavorare in una lingua straniera, non mi sento neanche un membro legittimo di quel gruppo. Beckett ha vissuto in Francia per decenni prima di scrivere in francese, Nabokov aveva imparato l'inglese da ragazzo, Conrad ha trascorso parecchio tempo sul mare, assorbendo l'inglese, prima di diventare uno scrittore anglofono anziché polacco. Quello che faccio io – osare scrivere in italiano dopo aver vissuto appena un anno in Italia – è diverso, fuori del comune, per cui provo una solitudine ancora più forte, quasi un'altra dimensione della solitudine. Mi chiedo se ci siano altri come me.

Un'impalcatura non è considerata una bella cosa. Costituisce, di solito, una specie di obbrobrio. Interferisce, imbruttisce. Idealmente non dovrebbe esserci. Se mi capita di dover passare sotto un'impalcatura, preferisco attraversare la strada. Temo sempre che stia per stramazzare.

Nel caso del portico di Ottavia, però, faccio un'eccezione. Non ho mai visto il portico senza impalcatura, per cui ormai la considero permanente, naturale. Nonostante sia un'ostruzione, l'impalcatura aggiunge alla rovina un attributo commovente. Mi sembra un miracolo vedere le colonne, il frontone, restaurato e dedicato in età augustea. Mi stupisco

before, I'm unable to evaluate what I write in Italian. But, more than anything, those readers supported me, the way scaffolding supports so many buildings in Rome, both ruins and new construction.

Although this project has been a kind of collaboration, writing in Italian leaves me more isolated than writing in English does. I feel estranged now from the Anglophone writers I am linguistically related to, and I'm necessarily different from Italian writers. When I think of authors who decided, for one reason or another, to work in a foreign language, I don't feel I'm a legitimate member of that group, either. Beckett lived in France for decades before writing in French, Nabokov had learned English as a child, Conrad spent a long time at sea, absorbing English, before becoming an Anglophone rather than a Polish writer. What I'm doing—daring to write in Italian after living in Italy for barely a year—is different, out of the ordinary, and so I feel an even more intense solitude, almost another dimension of solitude. I wonder if there are others like me.

Scaffolding is not considered beautiful. It usually represents a kind of blight. It interferes, it spoils the look of something. Ideally it shouldn't be there. If I have to walk under scaffolding, I prefer to cross the street. I'm always afraid it's going to collapse.

In the case of the Portico di Ottavia, however, I make an exception. I've never seen the portico without scaffolding, so I now consider it permanent, natural. Although it's an obstruction, the scaffolding adds an element of emotion to the ruin. It seems a miracle to see the columns, the pediment, restored and dedicated in the Augustan age.

che si possa camminare tranquillamente sotto questo complesso, a pezzi eppure ancora presente. Racconta il passare del tempo ma anche il suo azzeramento. Quando la mia scrittura italiana viene pubblicata, l'impalcatura scompare. A parte certe parole, certe scelte che tradiscono il fatto che l'italiano non sia la mia lingua, non si vede ciò che mi puntella, che mi protegge. Ciò che nasconde la parte vulnerabile resta invisibile. Ma quest'assenza non è altro che un'illusione. Io sono consapevole sempre della mia impalcatura, senza la quale sarei crollata anch'io.

A differenza del portico di Ottavia la mia scrittura italiana, appena iniziata, non è ancora logora. Dubito che durerà per secoli. Ma l'impalcatura serve per lo stesso motivo: rafforzare un lavoro che potrebbe cadere. Non la trovo brutta. Forse un giorno non ce ne sarà più bisogno. Se riuscissi a sbarazzarmene e scrivere per conto mio, mi sentirei più indipendente. Ma la mia impalcatura, un gruppo di cari amici che mi hanno guidata e circondata, a cui lego una delle esperienze più straordinarie della mia vita, mi mancherà.

I'm amazed that one can walk calmly through the complex, which is in pieces and yet still present. It recounts the passing of time but also its annulment. When my Italian writing is published, the scaffolding disappears. Apart from certain words, certain choices that betray the fact that Italian isn't my language, one can't see what props me up, protects me. What hides the vulnerable part remains invisible. But that absence is only an illusion. I am always aware of my scaffolding, without which I, too, would collapse.

Unlike the Portico di Ottavia, my Italian writing, just begun, is not yet worn down. I doubt that it will last for centuries. But the scaffolding serves the same purpose: to hold up a work that might fall. I don't find it ugly. Maybe one day there will be no need for it. If I could get rid of it and write on my own, I would feel more independent. But I would miss my scaffolding, a group of dear friends who guided and girded me, to whom I connect one of the most extraordinary experiences of my life.

PENOMBRA

S i sveglia disorientato, agitato da un sogno, accanto a sua
moglie.

Anche nel sogno era accanto alla moglie. Sempre
disorientato, agitato. Stavano guidando in campagna lungo
una strada fiancheggiata da alberi e cespugli. C'era una luce
indeterminata. Poteva essere o l'alba o il tramonto. Il cielo
era pallido ma aveva una punta di rosa.

Il paesaggio evocava un vecchio quadro dipinto a olio: una
scena rurale, spopolata, tenebrosa. Le chiome degli alberi
sembravano una massa di nuvole che ingombravano il cielo,
e i tronchi gettavano ombre sottili che li accompagnavano
lungo un lato della strada.

La moglie era al volante. E mentre lei guidava lui era
pieno di ansia, perché alla macchina, benché funzionasse,
mancava tutta la carrozzeria. A parte il volante, i pedali, il
cambio, non c'era nulla tra loro e la strada.

La moglie guidava come se non se ne fosse accorta,
oppure come se non ci fosse nessun pericolo, mentre l'assenza dell'involucro dell'auto e la prossimità della strada lo
sgomentavano.

Gridò alla moglie di fermarsi. Ma come al solito nei sogni

HALF-LIGHT

❦

He wakes beside his wife, disoriented, agitated by
a dream.

In the dream, too, he was beside his wife. Also
disoriented, agitated. They were driving on a country
road flanked by trees and bushes. There was an uncertain
light. It might have been dawn or sunset. The sky was
pale but had a trace of pink.

The landscape evoked an old oil painting: a rural scene,
unpeopled, shadowy. The tops of the trees seemed a mass
of clouds that obscured the sky, and the trunks cast thin
shadows that accompanied them along one side of the
road.

His wife was at the wheel. And as she drove he was filled
with anxiety, because although the car was running the
entire body was missing. Apart from the steering wheel,
the pedals, the gearbox, there was nothing between them
and the road.

His wife drove as if she were unaware of this, or as if
there were no danger, while the absence of the car's body
and the proximity of the road frightened him.

He cried to his wife to stop. But, as usual in dreams, he

non aveva una voce. Erano andati avanti così, senza parlare, senza problemi, sempre lungo le ombre sottili degli alberi. Non c'era nessun ostacolo lungo la strada. Non avevano avuto nessun incidente, benché lui se lo aspettasse. Forse il dettaglio più inquietante del sogno era quello.

Ora è notte fonda e sua moglie dorme, ma per lui, appena tornato da un paio di mesi all'estero, è già mattino. Ha l'impulso di alzarsi e di iniziare la giornata. Appartiene ormai al ritmo quotidiano di un altro Paese dove il cielo è già azzurro, dove lui non c'è più.

Non riesce a dormire, eppure l'effetto del sogno lo stordisce. Teme che ci siano altre assenze, altre cose venute a mancare. Vuole controllare che ci sia ancora il pavimento sotto il letto, che la stanza abbia ancora quattro pareti.

Sua moglie rimane lì, alla sua sinistra, così come nel sogno. Vede le sue braccia nude, i suoi lineamenti illuminati dalla luna piena.

Anche la tavola, a cena, terminata poche ore fa, era stata piena. La moglie aveva organizzato una grande cena per festeggiare il suo rientro. Lui non aveva appetito, lo schiamazzo allegro attorno al tavolo gli dava fastidio. A quell'ora, dopo aver percorso una grande distanza, voleva solo andare a letto.

Invece era rimasto seduto al tavolo, raccontando agli ospiti, tutti loro cari amici, delle sue esperienze all'estero: il Paese in cui era stato, l'appartamento che aveva affittato, l'aspetto della città. Parlava della gente, e del loro carattere. Spiegava il lavoro che aveva fatto. A un certo punto, per soddisfare la curiosità di uno degli ospiti, aveva detto un paio di cose nella lingua straniera che aveva imparato, sentendosi, in quel momento, forestiero in casa propria.

had no voice. They went on like that, without speaking, without any problems, always alongside the thin shadows of the trees. There were no obstacles along the road. They didn't have an accident, although he expected it. Maybe that was the most disturbing detail of the dream.

Now it's the middle of the night and his wife is sleeping, but he has just returned from a couple of months abroad, and for him it's already morning. He has an impulse to get up and start the day. He belongs now to the daily rhythm of another country, where the sky is already blue, where he no longer is.

He can't sleep, and yet the effect of the dream stuns him. He's afraid that there are other absences, other things missing. He wants to make sure that there is still a floor under the bed, that the room still has four walls.

His wife is there, on his left, just as in the dream. He sees her bare arms, her features illuminated by the full moon.

The table, at dinner, which ended a few hours ago, was full, too. His wife had organized a big dinner to celebrate his return. He had no appetite, the festive clamor around the table annoyed him. At that hour, after traveling a long way, he wanted only to go to bed.

Instead he remained sitting at the table, telling the guests, their close friends, about his experiences abroad: the country where he had been, the apartment he had rented, the appearance of the city. He talked about the people and their character. He explained the work he had done. At one point, to satisfy the curiosity of one of the guests, he had said a couple of things in the foreign language he had learned, feeling, at that moment, a stranger in his own house.

Entra in cucina. Non c'è bisogno di accendere la luce, basta il bagliore della luna. Vede la scia spettacolare della cena: tutti i piatti e bicchieri sporchi, pentole e padelle unte, un vassoio gigantesco di ceramica in cui la moglie aveva servito un piatto squisito. La sera precedente avevano lasciato tutto così prima di andare a letto, lui perché era stanco, lei perché aveva bevuto un po' troppo.

Comincia a lavare le pentole, a grattare via gli avanzi ormai incrostati sui piatti, a risciacquare le posate. Riempie e accende la lavastoviglie. Mette tutto in ordine, toglie ogni traccia del festeggiamento.

Nella cucina ripulita si prepara il caffè, cerca del pane. Ha voglia di mangiarne una fetta: all'estero, nella cucina del suo appartamento, non c'era un tostapane, faceva una colazione diversa. Trova un pacchetto pieno di pane, infila una fetta nel tostapane. Ma non entra, c'è qualche ostacolo dentro la fessura. Poi vede che c'è già un'altra fetta lì dentro, secca, dura, fredda.

A chi appartiene questa fetta dimenticata, ancora intatta? La moglie non l'avrebbe lasciata lì. Ha smesso di mangiare questo tipo di pane, dice che ha un'intolleranza. Gli viene un sospetto, sbucato dal nulla, per cui avverte uno spavento ancora più agghiacciante che nel sogno. Si chiede se sua moglie abbia un amante, se la fetta trascurata appartenga a lui.

Vede sua moglie e un altro uomo in cucina, stanno facendo colazione la mattina precedente. Sarebbe stata la loro ultima colazione spensierata prima del suo rientro. Vede la moglie in vestaglia, serena, spettinata. Sta spalmando della marmellata su una fetta di pane per l'amante. Poi la scena si scioglie, il dubbio svanisce. Sa che non è cambiato nulla, e che la fetta

He goes into the kitchen. There's no need to turn on the light, the glow of the moon is enough. He sees the spectacular wake of the dinner: all the dirty plates and glasses, greasy pots and pans, a giant ceramic tray on which his wife had served a wonderful dish. They had left it all like that and gone to bed, he because he was tired, she because she had drunk a little too much.

He begins to wash the pots, to scrape away the left-overs now encrusted on the plates, to rinse the silverware. He loads the dishwasher and turns it on. He puts things in order, removing every trace of the celebration.

In the cleaned-up kitchen he makes coffee, looks for some bread. He would like to have a slice of bread: abroad, in the kitchen of his apartment, there was no toaster, so he had a different breakfast. He finds a loaf of bread, puts a slice in the toaster. But it doesn't go in, there is some obstacle in the slit. Then he sees that there is already a slice of bread inside—dry, hard, cold.

To whom does that forgotten slice, still untouched, belong? His wife wouldn't have left it there. She stopped eating that type of bread, she says she has an intolerance. A suspicion dawns, emerging out of nowhere, that instills a fear even more chilling than in the dream. He wonders if his wife has a lover, if the forgotten slice belongs to him.

He sees his wife and another man in the kitchen, they're making breakfast the preceding morning. It would have been their last carefree breakfast before his return. He sees his wife in her bathrobe, serene, her hair uncombed. She is spreading jam on a slice of bread for her lover. Then the scene dissolves, the suspicion vanishes. He knows that nothing has changed, and that the slice of bread belongs

appartiene a lui, così come la casa, la moglie che conosce da più di vent'anni. L'aveva preparata e poi aveva dimenticato di mangiarla quel mattino di due mesi fa, quando stava per partire. Succedeva spesso, è un uomo distratto. Versa il caffè, spalma la nuova fetta tostata con il burro, poi con la marmellata. Fa colazione nel silenzio notturno, assoluto, finché non sente in lontananza, per qualche secondo, il rumore di una macchina che procede velocemente lungo la strada. Non vuole raccontare il sogno a sua moglie, se ne vergogna. Il senso della strada tenebrosa, la macchina assente, le ombre sempre a un lato: gli pare troppo ovvio, perfino trasparente. Torna a letto accanto a lei. La tiene tra le braccia anche se lei non se ne accorge. Poi pensa a un altro viaggio in macchina fatto molti anni prima: il loro viaggio di nozze, un mese intero trascorso sulla strada in un altro Paese straniero. Guidavano insieme ogni giorno, per quasi tutto il giorno, per girare la campagna di quel Paese. Si ricorda ancora la strada sconfinata, l'ebbrezza della velocità. Quando era giovane, sprovveduto, ancora in attesa di tutto, il percorso non gli sembrava una voragine.

Ora si rende conto del senso più profondo del sogno: lo stupore di aver trascorso una vita accanto alla stessa persona. Senza fermarsi, senza ostacoli, nonostante le ombre sempre a un lato, il pericolo. Ora vede quel primo viaggio, il loro principio, in penombra; preferisce la lucida verità del sogno. Solo che all'epoca, qualunque sogno fosse, l'avrebbe condiviso con lei.

to him, just like the house, and the wife he's known for more than twenty years. He made it and then forgot to eat it that morning two months ago, when he was about to leave. It often happened, he's an absentminded man.

He pours the coffee, spreads butter, then jam on the new piece of toast. He has breakfast in the nocturnal, absolute silence, until he hears in the distance, for a few seconds, the sound of a car driving rapidly along the street.

He doesn't want to tell his wife the dream; he's ashamed of it. The meaning of the dark road, the absent car, the shadows always on one side: it seems too obvious, even transparent.

He goes back to bed beside her. He holds her in his arms, even though she isn't aware of it. Then he thinks of another car trip, many years earlier: their honeymoon, an entire month spent on the road in another foreign country. They drove together every day, for almost the whole day, traveling through the countryside of that land. He still remembers the endless road, the intoxication of speed. When he was young, untried, still looking forward to everything, the journey didn't seem like an abyss.

Now he realizes the deeper meaning of the dream: the astonishment at having spent his life beside the same person. Without stopping, without obstacles, in spite of the shadows always alongside, the danger. Now he sees that first journey, their beginning, in half-light; he prefers the lucid truth of the dream. Only, at that time, whatever the dream was, he would have shared it with her.

POSTFAZIONE

❧

Negli ultimi quindici anni della sua vita, dal 1939 in poi, Henri Matisse si allontanò dalla pittura tradizionale e sviluppò una nuova tecnica artistica. Si trattava di tagliare fogli di carta già dipinti a guazzo, in vari colori. Una volta tagliati, Matisse combinava e sistemava i diversi componenti per ricavare un'immagine. Fissava i pezzi prima con spilli, poi con colla, spesso direttamente sulla parete. Smise di usare il cavalletto, la tela. Il suo strumento principale diventò un paio di forbici anziché il pennello.

Il metodo, una sorta di sintesi tra collage e mosaico, nacque da certe limitazioni. La vista del pittore settantenne, allora abbastanza deteriorata, fu un fattore. Inoltre, dopo una malattia grave nel 1941 usava la sedia a rotelle, ed era costretto a stare spesso a letto. Un giorno fu ispirato a creare un "giardino" dentro casa, un miscuglio esuberante di foglie e frutta attaccati ai muri del suo studio. Fu un processo collettivo: Matisse faceva dipingere tutta la carta ai suoi assistenti. Non era più capace di realizzare le sue opere da solo.

Il risultato fu una forma distinta, uno stile ibrido, decisamente più astratto rispetto alla sua pittura. Continuava a

AFTERWORD

✿

In 1939, fifteen years before he died, Henri Matisse began to move away from traditional painting and develop a new artistic technique. It involved cutting up pieces of paper that had been painted in gouache, in various colors. Matisse then combined and arranged the different pieces to create an image. He fixed the elements first with pins, then with paste, often directly on the wall. He stopped using the easel, the canvas. His main tool became a pair of scissors rather than the brush.

The method, a sort of synthesis of collage and mosaic, arose out of certain limitations. The eyesight of the seventy-year-old painter, which had greatly deteriorated, was one factor. Further, after a serious illness in 1941 he used a wheelchair, and was often forced to stay in bed. One day he was inspired to make a "garden" in the house, an exuberant jumble of leaves and fruit attached to the walls of his studio. It was a collective process: Matisse had his assistants paint the paper. He was no longer able to execute his works by himself.

The result was a distinctive form, a hybrid style, notably more abstract than his painting. He continued to play

giocare con gli stessi elementi che raffigurava da sempre: la natura, la figura umana. Ma saltò fuori, di colpo, un'altra energia, un linguaggio diverso.

Le immagini su carta erano più semplificate, grezze rispetto a quelle su tela, ma richiedevano una lavorazione meticolosa, complessa. Si riconosce la mano e lo sguardo del pittore, ma sono cambiati. Si segue il filo rosso tra il nuovo metodo e i quadri precedenti, e ci si accorge anche di un punto di svolta, una mossa radicale.

Per Matisse, tagliare non è solo una nuova tecnica ma un sistema per pensare ed espandere le possibilità di forma, colore e composizione. Un ripensamento della sua strategia artistica. Disse il pittore: «Le condizioni di questo viaggio sono al cento percento diverse». Paragonava questo metodo – che chiamava «dipingere con le forbici» – all'esperienza del volo.

Il nuovo approccio di Matisse fu accolto, all'inizio, con diffidenza, con scetticismo. Un critico lo trovò, nella migliore delle ipotesi, «una distrazione piacevole». Anche l'artista era incerto. Tagliare, per Matisse, cominciò come un esercizio, un esperimento. Senza sapere che cosa significasse, seguiva una strada ignota, esplorando su scala sempre più vasta. Fu per lui, nonostante le difficoltà, un periodo di lavoro intenso, fecondo. Man mano abbracciò totalmente questo metodo; restò, fino alla sua morte, un passo definitivo.

Lo scorso anno, mentre ultimavo la scrittura di *In altre parole*, ho visitato, a Londra, una mostra dedicata a quest'ultima tappa creativa di Matisse. Ho incontrato una serie di immagini liriche, ardite, di grande respiro. Ho notato un dialogo sorprendente tra spazio negativo e positivo. Ho capito come lo spazio bianco, come il silenzio, possa avere anche un significato.

with the same elements that he had always portrayed: nature, the human figure. But suddenly another energy emerged, a different language.

The images on paper were more simplified, crude compared to the ones on canvas, but they required painstaking, complex workmanship. One recognizes the hand and the eye of the painter, but they have changed. We follow the thread between the new method and the earlier paintings, and are aware of a turning point, a radical move.

For Matisse, cutting was not only a new technique but a system for thinking about and expanding the possibilities of shape, color, and composition. A rethinking of his artistic strategy. The painter said: "The conditions of this journey are a hundred percent different." He compared his method—which he called "painting with scissors"—to the experience of flying.

Matisse's new approach was at first received with distrust, with skepticism. One critic found it, at best, "a pleasant distraction." The artist, too, was unsure. Cutting, for Matisse, began as an exercise, an experiment. Without knowing what it meant, he followed an unknown path, exploring on an increasingly vast scale. In spite of the difficulties, this was a period of intense, fertile work. Gradually he embraced this method completely; it remained, until his death, a definitive step.

Last year, as I was finishing *In Other Words*, I saw a show, in London, devoted to Matisse's final creative stage. I encountered a series of lyrical, bold, wide-ranging images. I observed a surprising dialogue between negative and positive space. I understood how white space, like silence, can have a meaning.

Sono rimasta colpita dall'effetto essenziale delle immagini su carta. Non c'è nulla di superfluo. Mettono in luce la cucitura, le spaccature. Essendo ridotte letteralmente a pezzi, comunicano una sorta di decostruzione, un atto di smantellamento quasi violento. Eppure sono armoniose, equilibrate. Esprimono un nuovo inizio. Ogni immagine, prima tagliata, poi ricostruita, suggerisce qualcosa di provvisorio, sospeso, vulnerabile. Evoca altre permutazioni, altre possibilità.

Percorrendo la mostra, ho riconosciuto un artista che ha sentito il bisogno, a un certo punto, di cambiare strada, e di esprimersi diversamente. Che ha provato l'impulso folle di abbandonare un tipo di visione, perfino una certa identità creativa, per un'altra. Ho pensato alla mia scrittura in italiano: un processo altrettanto macchinoso, un risultato altrettanto rudimentale rispetto al mio lavoro in inglese.

Il metodo di Matisse assomiglia un po' a quello che faccio io. I pezzi di carta sono le parole, già definite da altri, selezionate e sistemate da me. Cerco di rifondare, da uno scompiglio di elementi, qualcosa di coerente.

Scrivere in una lingua diversa rappresenta un atto di smantellamento, un nuovo inizio.

❖

In altre parole è il mio primo libro scritto direttamente in italiano. È nato nell'autunno 2012, in modo privato, frammentato, spontaneo. Mi ero appena trasferita a Roma dopo aver trascorso quasi tutta la vita in America. Parlavo l'italiano ma la mia conoscenza restava elementare. Volevo impadronirmene. Tenevo un taccuino in cui prendevo appunti in italiano, sull'italiano. Buttavo giù nuove parole, regole

I was struck by the essential effect of the images on paper. There is nothing superfluous. They show the seams, the cracks. Being literally cut into pieces, the images communicate a sort of deconstruction, an almost violent act of demolition. And yet they are harmonious, balanced. They express a new beginning. Every image, first cut out, then reconstructed, suggests something temporary, suspended, vulnerable. It evokes other permuta tions, other possibilities.

As I went through the show, I recognized an artist who at a certain point felt the need to change course, to express himself differently. Who had the mad impulse to abandon one type of vision, even a particular creative identity, for another. I thought of my writing in Italian: a similarly intricate process, a similarly rudimentary result compared with my work in English.

Writing in another language represents an act of demolition, a new beginning.

❖

In Other Words is the first book I've written directly in Italian. It originated in the fall of 2012, in a private, fragmented, spontaneous way. I had just moved to Rome, after spending almost my whole life in America. I spoke Italian, but my knowledge was elementary. I wanted to master the language. I had a notebook in which I took notes in Italian, on Italian. I wrote down new words, grammatical rules to learn, phrases that struck me. I wrote all this in

grammaticali da imparare, frasi che mi colpivano. Scrivevo tutto questo in maniera consueta, partendo dall'inizio del taccuino, riempiendo le pagine una dietro l'altra.

Al contempo, sull'ultima pagina, procedendo a ritroso, ho cominciato a prendere note di un altro tipo, non sugli aspetti tecnici della lingua, ma sull'esperienza di tuffarmi nell'italiano in profondità. Erano appunti presi di sfuggita, una serie di commenti accatastati in fondo al taccuino, che quasi nascondevo a me stessa.

Pian piano gli appunti sono diventati frasi, e le frasi paragrafi. Era una sorta di diario, scritto di getto. Tenevo già un altro diario italiano in cui descrivevo la mia vita quotidiana, le mie impressioni su Roma. Qui, invece, descrivevo soltanto le emozioni che lo slancio linguistico suscitava in me.

Entro la primavera avevo esaurito il taccuino. La testa si era incontrata con la coda. Ho comprato un nuovo taccuino, ho messo via il primo dentro un cassetto. Continuavo a studiare l'italiano, ma ho smesso di annotare i miei pensieri a ritroso. L'autunno successivo ho ripreso il primo taccuino. Ho trovato un'accozzaglia di pensieri, quasi sessanta pagine disordinate. Allora avevo scritto poche cose in italiano e le avevo fatte vedere a un paio di persone. Ma non avevo voglia di condividere il contenuto del taccuino con nessuno.

Ecco alcuni appunti sull'ultima pagina, che era anche la prima:

«lingua come una marea, ora un'inondazione, ora
bassa, inaccessibile»
«leggendo con un vocabolario»
«fallimento»
«qualcosa che rimane sempre fuori da me»

the usual manner, starting at the beginning of the notebook and filling the pages one after another.

At the same time, starting on the last page and proceeding backward, I began to take notes of another type, not on the technical aspects of the language but on the experience of diving into the depths of Italian. These notes were made fleetingly, a series of comments tucked at the end of the notebook, which I almost hid from myself.

Gradually the notes became sentences, and the sentences paragraphs. It was a sort of diary, written without forethought. I had been keeping another Italian diary, in which I described my daily life, my impressions of Rome. Here, instead, I described only the emotions inspired by the linguistic drive.

By spring I had filled up the notebook. The head had met the tail. I bought a new notebook, and put the first one away in a drawer. I continued to study Italian, but I stopped recording my thoughts backward. The following autumn I picked up the first notebook. I found a hodgepodge of thoughts, some sixty disorganized pages. At that point I had written just a few things in Italian and had shown them to a couple of friends. But I had no desire to share the contents of the notebook with anyone.

Here are some notes from the last page, which was also the first.

"language like a tide, now a flood, now low, inaccessible"
"reading with a dictionary"
"failure"
"something that remains forever outside me"

Rileggendo gli appunti, ho intravisto quasi subito un filo, un ragionamento, forse persino un percorso narrativo. Un giorno, per capire meglio il loro significato, ho preso appunti sugli appunti precedenti. Ho visto che c'erano spunti da sviluppare, da sviscerare. Mi sono venuti in mente capitoli, titoli. Ho intuito un'andatura, una struttura. In poco tempo sapevo che il contenuto del primo taccuino sarebbe diventato questo libro.

Avevo bisogno di più spazio. Ho comprato un quaderno. Ogni settimana, grosso modo, da novembre fino a maggio, ho lavorato su uno spunto diverso, fino a quando non sono arrivata all'ultimo. Non ero mai riuscita a scrivere nulla in questa maniera celere, lungimirante, conoscendo già quasi ogni passo davanti a me, sapendo già dove il sentiero mi avrebbe portato. Nonostante la fatica è stato un processo di scrittura fluido, immediato. Era tutto straordinariamente chiaro, tranne l'elemento centrale, tranne l'argomento stesso: la lingua.

Come definire questo libro? È il quinto che scrivo. È anche un esordio. È un punto di arrivo e di partenza. È fondato su una mancanza, un'assenza. A partire dal titolo, implica un rifiuto. Questa volta non accetto le parole che conoscevo già, con cui avrei dovuto scrivere. Ne cerco altre.

Credo che sia un libro titubante e allo stesso tempo impavido. Un testo sia privato sia pubblico. Da un lato scaturisce dagli altri. I temi, fino in fondo, restano invariati: l'identità, lo straniamento, l'appartenenza. Ma l'involucro, il contenuto, il corpo e l'anima sono trasfigurati.

Rereading the notes, I almost immediately glimpsed a thread, a logic, perhaps even a narrative arc. One day, to better understand their meaning, I took notes on the earlier notes. I saw that there were points to develo, to analyze. Chapters, titles came to mind. I sensed a pace, a structure. In a short time I knew that the contents of the first notebook would become this book.

I needed more space. I bought an exercise book. More or less every week, from November to May, I worked on a different idea until I got to the last one. I had never before written anything in this rapid, farsighted manner, knowing already almost every step ahead of me, aware already of where the path would lead. In spite of the effort, the process of writing was fluid, immediate. Everything was extraordinarily clear, except the central element, except the subject itself: language.

◈

How to define this book? It's the fifth I've written. It's also a debut. It's a point of arrival and of departure. It's based on a lack, an absence. Starting with the title, it implies a rejection. This time I don't accept the words I already know, the ones I should be writing with. I look for others.

I think it's a hesitant book and at the same time bold. A text both private and public. On the one hand it springs from my other books. The themes, ultimately, are unchanged: identity, alienation, belonging. But the wrapping, the contents, the body and soul are transfigured.

È un libro di viaggio, direi più interiore che geografico. Racconta uno sradicamento, uno stato di smarrimento, una scoperta. Racconta un viaggio a volte emozionante, a volte estenuante. Un viaggio assurdo, visto che la viaggiatrice non raggiunge mai il traguardo. È un libro di memoria, pieno di metafore. Racconta una ricerca, una conquista, una sconfitta continua. Un'infanzia e una maturità, un'evoluzione, forse una rivoluzione. È un libro d'amore, di sofferenza. Racconta una nuova indipendenza insieme a una nuova dipendenza. Una collaborazione, e anche uno stato di solitudine.

A differenza degli altri, questo libro è il primo radicato nelle mie esperienze vere e vissute. Tranne due racconti, non è un'opera di fantasia. Lo ritengo una sorta di autobiografia linguistica, un autoritratto. Mi pare giusto citare le parole di Natalia Ginzburg che, nell'avvertenza di *Lessico famigliare*, diceva, «Non ho inventato niente».

Eppure, da un altro punto di vista, ho inventato tutto. Scrivere in una lingua diversa significa partire da zero. Viene da un vuoto, per cui ogni frase sembra sbucata dal nulla. Lo sforzo di rendere mia la lingua, di possederla, assomiglia molto a un processo creativo, misterioso, illogico. Ma il possesso non è autentico, è una sorta di finzione anche quello. La lingua è vera, ma la maniera in cui la assorbo e utilizzo sembra finta. Un lessico cercato, acquisito, resta per sempre anomalo, come se fosse artefatto, anche se non lo è.

Nell'imparare l'italiano ho imparato, di nuovo, a scrivere. Ho dovuto adottare un approccio differente. Ad ogni passo la lingua mi fronteggiava, mi costringeva. Allo stesso tempo mi ha permesso di ribellarmi, di andare oltre.

It's a travel book, more interior, I would say, than geographic. It recounts an uprooting, a state of disorientation, a discovery. It recounts a journey that is at times exciting, at times exhausting. An absurd journey, given that the traveler never reaches her destination. It's a book of memory, full of metaphors. It recounts a search, a victory, a continual defeat. Childhood and adulthood, an evolution, maybe a revolution. It's a book of love, of suffering. It recounts a new independence together with a new dependence. A collaboration, and also a state of solitude.

Unlike my other books, this one is rooted in my real, lived experiences. Apart from two stories, it's not a work of imagination. I consider it a sort of linguistic autobiography, a self-portrait. It seems fitting to cite Natalia Ginzburg, who, in the foreword to *Lessico famigliare* (*Family Sayings*), writes, "I have invented nothing."

And yet, from another point of view, I have invented everything. Writing in a different language means starting from zero. It comes from a void, and so every sentence seems to have emerged from nothingness. The effort of making the language mine, of possessing it, has a strong resemblance to a creative process—mysterious, illogical. But the possession is not authentic: it, too, is a sort of fiction. The language is true, but the manner in which I absorb and use it seems false. A vocabulary that is sought-after, acquired, remains forever anomalous, as if it were counterfeit, even though it's not.

In learning Italian I learned, again, to write. I had to adopt a different approach. At every step the language confronted me, constrained me. At the same time it

Cito di nuovo un commento di Natalia Ginzburg su *Lessico famigliare:*

«Non so se sia il migliore dei miei libri, ma certo è il solo libro che io abbia scritto in uno stato di assoluta libertà».

Credo che il mio nuovo linguaggio, più limitato, più acerbo, mi dia uno sguardo più esteso, più maturo. Ecco la ragione per cui continuo, per il momento, a scrivere in italiano. Nel libro, parlo abbastanza del rapporto paradossale tra libertà e limiti. Non voglio ripetermi qui. Preferisco approfondire l'interconnessione tra la realtà e l'invenzione, e chiarire la questione dell'autobiografia, una questione che incombe da molti anni su di me.

❖

Scrivevo, all'inizio, per occultarmi. Volevo tenermi lontana dalla mia scrittura, ritirarmi sullo sfondo. Preferivo celarmi tra le righe, una presenza travestita, trasversale.

Sono diventata una scrittrice in America, ma ho ambientato i miei primi racconti a Calcutta, una città in cui non ho mai vissuto, lontanissimo dal Paese in cui sono cresciuta, che conoscevo molto meglio. Perché? Perché avevo bisogno del distacco tra me e lo spazio creativo.

Credevo, quando ho cominciato a scrivere, che fosse più virtuoso parlare degli altri. Temevo che la materia autobiografica fosse di minor valore creativo, perfino una forma di pigrizia da parte mia. Temevo che fosse egocentrico raccontare le proprie esperienze.

allowed me to rebel, to go beyond. Here is Natalia Ginzburg again, in *Family Sayings*:

"I don't know if it's the best of my books, but certainly it's the only book that I wrote in a state of absolute freedom."

I think that my new language, more limited, more immature, gives me a more extensive, more adult gaze. That's the reason I continue, for now, to write in Italian. In this book, I've talked quite a bit about the paradoxical relationship between freedom and limits. I don't want to repeat myself here. I would prefer to examine further the interconnection between reality and invention, and clarify the question of autobiography, a question that has been hanging over me for many years.

❖

In the beginning I wrote in order to conceal myself. I wanted to stay far from my writing, withdraw into the background. I preferred to hide between the lines, a disguised, oblique presence.

I became a writer in America, but I set my first stories in Calcutta, a city where I have never lived, far from the country where I grew up, and which I knew much better. Why? Because I needed distance between me and the creative space.

When I began to write, I thought that it was more virtuous to talk about others. I was afraid that autobiographical material was of less creative value, even a form of laziness on my part. I was afraid that it was egocentric to relate one's own experiences.

In questo libro io sono, per la prima volta, la protagonista. Non c'è nemmeno un pizzico di un altro. Appaio sulle pagine in prima persona, e parlo francamente di me stessa. Un po' come la serie di Nudi Blu di Matisse, figure femminili tagliate, raggruppate, mi sento spoglia in questo libro, appiccicata ad una nuova lingua, disgregata.

Da molti anni non leggo ciò che scrivono su di me. So, però, che sono considerata da certi lettori una scrittrice autobiografica. Se spiego che non lo sono non ci credono, insistono. Dicono che il fatto che io sia di origine indiana, così come la gran parte dei miei personaggi, rende la mia opera palesemente autobiografica. Oppure pensano che qualsiasi racconto in prima persona debba essere vero.

Per me un testo autobiografico è quello plasmato dalle proprie esperienze, che ha poca distanza tra la vita dello scrittore e le vicende del libro. Ogni scrittore tende a descrivere il mondo, la gente che conosce. Ma un'opera autobiografica è un passo in più. Alberto Moravia era di Roma, per cui ha ambientato tanti suoi racconti e romanzi a Roma. Era romano, così come molti dei suoi personaggi. Significa perciò che ogni suo racconto, ogni suo romanzo, sia autobiografico? Penso proprio di no.

Ho trascorso più di un anno a promuovere il mio ultimo romanzo, *La moglie*. Non condivido le esperienze dei personaggi in quel romanzo. Quello che succede loro non mi è mai successo. Conosco i luoghi principali del libro, e la trama è basata su un episodio vero di cui però non ho alcun ricordo o impressione. La realtà mi ha fornito qualche seme. Ho immaginato tutto il resto.

Più di una volta mi sono trovata davanti a un giornalista, un critico che sostiene che io abbia scritto un romanzo

In this book I am the protagonist for the first time. There is not even a hint of another. I appear on the page in the first person, and speak frankly about myself. A little like Matisse's "Blue Nudes," groups of cutout, reassembled female figures, I feel naked in this book, pasted to a new language, disjointed.

I haven't read what people write about me for years. I know, however, that certain readers consider me an autobiographical writer. If I explain that I'm not, they don't believe it; they insist. They say the fact that I am a person of Indian origin, like the majority of my characters, makes my work openly autobiographical. Or they think that any story in the first person must be true.

For me an autobiographical text is one that is shaped by the writer's own experiences, and in which there is little distance between the life of the writer and the events of the book. Every writer tends to describe the world, the people he knows. But an autobiographical work goes a step further. Alberto Moravia was from Rome, so he set many of his stories in Rome. He was Roman, like many of his characters. Does that mean, then, that every one of his stories, every one of his novels, is autobiographical? I don't think so.

I spent more than a year promoting my last novel, *The Lowland*. I don't share the experiences of the characters in that novel. What happens to them never happened to me. I know the main places in the book, and the plot is based on a real episode, but I have no memory or impression of it. Reality provided the seeds. I imagined the rest.

More than once I've been confronted by a journalist or critic who maintains that I've written an autobiographi-

autobiografico. E ogni volta mi ha colpito, e mi ha anche innervosito, che un romanzo la cui trama, i cui personaggi ho completamente inventato sia considerato tale. Non sta a me valutare i miei libri. Vorrei semplicemente distinguere tra un romanzo realistico, ricavato dalla conoscenza, dalla curiosità da parte dell'autore, e uno autobiografico. *In altre parole* è diverso. Quasi tutto ciò che contiene mi è accaduto. Ho già spiegato che è iniziato come una sorta di diario, un testo personale. Resta il mio libro più intimo ma anche il più aperto.

Perfino il mio primo tentativo di narrativa in italiano, *Lo scambio*, è autobiografico, non posso negarlo. È un racconto in terza persona, ma la protagonista, appena modificata, sono io. Sono andata io quel pomeriggio piovoso in quell'appartamento. Ho visto e osservato tutto quello che descrivo. Ho perso un golfino nero, ho reagito male, come la protagonista. Sono rimasta stranita, irrequieta, come lei. Qualche mese dopo ho trasformato l'esperienza cruda in un racconto. *Penombra*, scritto quasi due anni più tardi, è una storia inventata ma ha una base sempre autobiografica: il sogno del protagonista che apre il racconto viene da me.

In passato pensavo che fantasticare anziché attingere direttamente dalla realtà mi avrebbe dato più autonomia creativa. Preferivo manipolare la verità, ma volevo anche rappresentarla fedelmente, autenticamente. Ci tenevo molto, da scrittrice, alla verosimiglianza. Dopo aver scritto questo libro mi sono ricreduta.

Inventare potrebbe essere anche una trappola. Un personaggio fabbricato dal nulla dovrebbe sembrare una persona vera, ecco la sfida. È stata una sfida, soprattutto in *La moglie*,

cal novel. And every time it amazes me, and also irritates me, that a novel whose plot and characters I completely invented is considered autobiographical.

It's not for me to evaluate my books. I would like simply to distinguish between a realistic novel, created out of the knowledge and curiosity of the author, and one that is autobiographical. *In Other Words* is different. Almost everything in it happened to me. I've already explained that it began as a sort of diary, a personal text. It remains my most intimate book but also the most open.

Even my first attempt at fiction in Italian, "The Exchange," is autobiographical, I can't deny that. It's a story told in the third person, but the protagonist, slightly changed, is me. I went that rainy afternoon to that apartment. I saw and observed everything that I describe. Like the protagonist, I lost a black sweater, I reacted badly. I was bewildered, uneasy, like her. A few months later I transformed the raw experience into a story. "Half-Light," written almost two years later, is an invented story, but it also has an autobiographical basis: the dream of the protagonist that begins the story comes from me.

I used to think that making things up, rather than drawing directly on reality, would give me more creative autonomy. I preferred to manipulate the truth, but I also wanted to represent it faithfully, authentically. Verisimilitude was very important to me, as a writer. After writing this book I changed my mind.

Invention can also be a trap. A character fabricated out of nothing has to seem like a real person—there's the challenge. It was a challenge, especially in *The Lowland*, to

rappresentare un posto reale in cui non ho mai vissuto, ed evocare un'epoca storica che non conoscevo. Ho fatto molte ricerche per rendere plausibile quel mondo, quei tempi. Dal mio primo libro richiamavo Calcutta, la città di origine dei miei genitori. Dato che era, per loro, un luogo lontanissimo, quasi scomparso, cercavo un modo, attraverso la scrittura, di colmare la distanza, e di renderlo presente.

Oggi non mi sento più in dovere di restituire un Paese perduto ai miei genitori. Mi ci è voluto molto tempo per accettare che il mio progetto di scrittura non dovesse assumere una tale responsabilità. In questo senso *In altre parole* è il primo libro che scrivo da adulta, ma dal punto di vista linguistico, anche da bambina.

Continuo, da scrittrice, a cercare la verità, ma non do più lo stesso peso alla verità fattuale. In italiano mi muovo verso l'astrazione. I luoghi sono imprecisati, i personaggi finora sono senza nome, senza un'identità culturale specifica. Il risultato credo sia una scrittura affrancata per certi versi dal mondo concreto. Ora costruisco un'ambientazione meno determinata. Ecco perché capisco Matisse, quando paragonava la sua nuova tecnica all'esperienza del volo. Scrivendo in italiano, non mi sento più con i piedi per terra.

Cosa mi ha spinto a prendere una nuova piega verso una scrittura sia più autobiografica sia più astratta? È una contraddizione in termini, mi rendo conto. Da dove deriva la prospettiva più personale, insieme alla tonalità più vaga? Sarà la lingua. In questo libro la lingua non è soltanto lo strumento ma anche il soggetto. L'italiano resta la maschera, il filtro, lo sbocco, il mezzo. Il distacco senza il quale non riesco a creare niente. Ed è questo nuovo distacco che mi aiuta a mostrare il mio volto.

portray a real place where I have never lived, and to evoke a historical era that I didn't know. I did a lot of research to make that world, that time, believable. Beginning with my first book I evoked Calcutta, my parents' native city. Because it was, for them, a far-off place that had almost disappeared, I was looking for a way, through writing, to bridge the distance, and to make it present.

Today I no longer feel bound to restore a lost country to my parents. It took me a long time to accept that my writing did not have to assume that responsibility. In that sense *In Other Words* is the first book I've written as an adult, but also, from the linguistic point of view, as a child.

I continue, as a writer, to seek the truth, but I don't give the same weight to factual truth. In Italian I'm moving toward abstraction. The places are undefined, the characters so far are nameless, without a particular cultural identity. The result, I think, is writing that is freed in certain ways from the concrete world. I now construct a less specific setting. That's why I understand Matisse, when he compared his new technique to the experience of flight. Writing in Italian, I feel that my feet are no longer on the ground.

What drove me to take a new direction, toward writing that is both more autobiographical and more abstract? It's a contradiction in terms, I realize. Where does the more personal perspective originate, along with a vaguer tonality? It must be the language. In this book language is not only the tool but the subject. Italian remains the mask, the filter, the outlet, the means. The detachment without which I can't create anything. And it's this new detachment that helps me show my face.

Ho adesso e avrò probabilmente per sempre un atteggiamento ambivalente verso questo libro. Da un lato ne sono fiera. Ho viaggiato molto per arrivare qui. Ho guadagnato ogni parola, non c'è nulla di tramandato. Tutto è nato dalla mia determinazione. È stata una procedura rischiosa. Mi sembra un miracolo aver potuto concepire, abbozzare, preparare le pagine per la pubblicazione. Lo considero un libro autentico, perché è sincero, onesto.

D'altro canto temo che sia un libro falso. Ne resto poco sicura, un po' imbarazzata. Benché abbia ormai una copertina, una rilegatura, una presenza fisica, temo che sia una frivolezza, anche una presunzione. Non so se continuare a scrivere in italiano sia la strada giusta. Il mio italiano resta un lavoro in corso, e io resto una forestiera. Sono venuta in Italia in parte per conoscere meglio i miei personaggi, i miei genitori. Non mi aspettavo di diventare una straniera anche in quanto scrittrice.

È interessante, ora che il libro sta per uscire, sentire certe reazioni. Quando dico che il mio nuovo libro è stato scritto in italiano, viene spesso visto, prevalentemente da altri scrittori, con sospetto, quasi con disapprovazione. Forse mi sono sbagliata; mi chiedo se sarà considerato uno scacco matto, oppure, nella migliore delle ipotesi, «una distrazione piacevole». Alcuni mi dicono che uno scrittore non deve mai abbandonare la lingua dominante per una conosciuta solo superficialmente. Dicono che lo svantaggio non serve né allo scrittore né al lettore. Quando ascolto questi pareri mi vergogno, e mi viene l'impulso di cancellare ogni parola.

I have an ambivalent relationship with this book, and probably always will. On the one hand I'm proud of it. I traveled far to get here. I earned every word: nothing about it was handed down. Everything derives from my determination. It was a risky procedure. That I was able to conceive, draft, prepare the pages for publication seems a miracle. I consider it an authentic book, because it's sincere, honest.

On the other hand I fear that it's a false book. I'm insecure about it, a little embarrassed. Although it now has a cover, a binding, a physical presence, I'm afraid it's frivolous, even presumptuous. I don't know if continuing to write in Italian is the right path. My Italian remains a work in progress, and I remain a foreigner. I came to Italy partly to know my characters better, my parents. I didn't expect to become a foreigner as a writer, too.

It's interesting, now that the book is about to come out, to hear some of the reactions. When I say that my new book is written in Italian, I am often regarded, mainly by other writers, with suspicion, almost with disapproval. Maybe I'm wrong; I wonder if it will be considered a dead end, or, at best, "a pleasant distraction." Some say to me that a writer should never abandon his or her dominant language for one that is known only superficially. They say that the disadvantages serve neither writer nor reader. When I hear these opinions I'm ashamed, and I have the impulse to erase every word.

È stato solo dopo aver scritto questo libro che ho scoperto Ágota Kristóf, un'autrice di origine ungherese che scrisse in francese. Forse è stato un bene non conoscere prima la sua voce, le sue opere, fare questo primo passo ignorando il suo esempio. Ho letto, innanzitutto, un suo breve testo autobiografico, *L'analfabeta*, in cui parla della sua formazione letteraria, e dell'esperienza di arrivare in Svizzera, a ventun anni, come profuga. Inizia a imparare il francese, un processo duro e totalizzante. Scrive:

> È qui che comincia la mia lotta per conquistare questa lingua, una lotta accanita e lunga, che di certo durerà per tutta la mia vita. Parlo il francese da più di trent'anni, lo scrivo da vent'anni, ma ancora non lo conosco. Non riesco a parlarlo senza errori, e non so scriverlo che con l'aiuto di un dizionario da consultare di frequente.

Leggendo questo brano, sono rimasta insieme stupefatta e confortata. Potrebbero essere i miei sentimenti, le mie parole.

Poi ho letto, d'un fiato, la sua celebre trilogia di romanzi che comincia con *Il grande quaderno*, che l'autrice considerava un'opera autobiografica, e che io trovo un capolavoro assoluto. Sono rimasta ancora più ammaliata dalla sua scrittura lapidaria, depurata, icastica. L'effetto è sconvolgente, potente come un pugno allo stomaco. Pur leggendo la Kristóf in italiano percepisco, anche in traduzione, lo sforzo implicito nella sua scrittura. Intuisco la maschera linguistica nella quale lei, come me, si trova costretta e al tempo stesso

It was only after writing this book that I discovered Ágota Kristóf, an author of Hungarian origin who wrote in French. Maybe it was best that I didn't know her voice and her works before—to have taken this step unaware of her example. I read, first of all, a brief autobiographical text, *The Illiterate*, in which she talks about her literary education and the experience of arriving in Switzerland, at twenty-one, as a refugee. She begins to learn French, a hard, demanding process. She writes:

> It's here that my struggle to conquer this language begins, a long, relentless struggle, which will certainly last for my whole life. I've spoken French for more than thirty years, I've written it for twenty, but I still don't know it. I can't speak it without mistakes, and I can write it only with the help of a dictionary that I consult frequently.

Reading this passage, I was both stunned and comforted. They could have been my sentiments, my words.

Then I read, unable to put it down, her celebrated trilogy of novels, beginning with *The Notebook*, which the author considered an autobiographical work, and which I find an absolute masterpiece. I was even more captivated by the lapidary, purified, incisive quality of her writing. The effect is overwhelming, as powerful as a punch in the stomach. Although I read Kristóf in Italian, I can perceive, even in translation, the effort implicit in the writing. I intuit the linguistic mask in which she, like me, finds herself constrained and at the same time free. Knowing

libera. Conoscendo la sua opera, mi sento rinfrancata, meno sola. Credo di aver incontrato una guida, magari una compagna su questa strada. Eppure, resta una differenza fondamentale tra me e lei. Ágota Kristóf è stata costretta ad abbandonare l'ungherese. Scrisse in francese perché voleva essere letta. «È diventato una necessità», spiega l'autrice. Rimpiangeva di non poter scrivere nella sua lingua madre, per cui ha sempre considerato il francese «la lingua nemica». Io, invece, scelgo volentieri di scrivere in italiano. Non sento la mancanza dell'inglese, nemmeno del controllo superiore che mi dà.

L'opera della Kristóf mette a fuoco il fatto che un romanzo autobiografico non sia sempre quello che sembra, e che il confine tra l'immaginazione e la realtà sia poco netto. Dice il protagonista di *La terza menzogna*, il terzo volume della trilogia: «Cerco di scrivere delle storie vere, ma, a un certo punto, la storia diventa insopportabile proprio per la sua verità e allora sono costretto a cambiarla».

Anche un romanzo tratto dalla realtà, fedele a essa, non è mai il vero, così come l'immagine nello specchio non è una persona in carne ed ossa. Resta, cioè, un'astrazione, per quanto realistica e aderente ai fatti. Nelle parole di Lalla Romano – un'altra autrice che, come la Kristóf, ha sempre giocato nei suoi romanzi con cose realmente accadute – «in un libro tutto è vero, niente è vero».

Tutto va riconsiderato, configurato di nuovo. La narrativa autobiografica, anche se ispirata dalla realtà, dalla memoria, richiede una selezione rigorosa, un taglio spietato. Si scrive con la penna ma alla fine, per dare la forma giusta, bisogna utilizzare, come Matisse, un bel paio di forbici.

her work, I feel reassured, less alone. I think I've met a guide, maybe even a companion, on this path. And yet there remains a fundamental difference between her and me. Ágota Kristóf was forced to abandon Hungarian. She wrote in French because she wanted to be read. "It became a necessity," the author explains. She regretted not being able to write in her native language, and so she always considered French "the enemy language." I, on the other hand, choose willingly to write in Italian. I don't miss English, not even the superior control it gives me.

Kristóf's work brings into focus the fact that an autobiographical novel is not always what it seems, and that the boundary between imagination and reality is blurred. The protagonist of *The Third Lie*, the third volume of the trilogy, says: "I try to write true stories, but, at a certain point, the story becomes unbearable, precisely because of its truth, and so I'm forced to change it."

Even a novel drawn from reality, faithful to it, is not the truth, just as the image in the mirror is not a person in flesh and blood. It remains, that is, an abstraction, no matter how realistic, how close to the facts. In the words of Lalla Romano—another writer who in her novels has, like Kristóf, always played with things that really happened— "in a book everything is true, nothing is true."

Everything has to be reconsidered, shaped anew. Autobiographical fiction, even if it is inspired by reality, by memory, requires a rigorous selection, a merciless cutting. One writes with the pen, but in the end, to create the right form, one has to use, like Matisse, a good pair of scissors.

Sto per concludere il mio viaggio. Quest'anno devo lasciare Roma e tornare in America. Non ne ho voglia. Vorrei che ci fosse un modo di restare in questo Paese, in questa lingua.

Ho già paura del distacco tra me e l'italiano. Allo stesso tempo mi rendo conto di un distacco formale, notevole, tra me e l'inglese, un idioma in cui da tre anni non leggo più. La decisione di leggere soltanto in italiano mi ha indotta a fare questo nuovo cammino creativo. La scrittura proviene dalla lettura. Ormai, nonostante il disagio, preferisco scrivere in italiano. Anche se resto per metà cieca, riesco a vedere certe cose più chiaramente. Mi sento più centrata anche se navigo alla deriva. Mi sento più a casa, nonostante la scomodità.

Questo libro mi porta a un bivio. Mi costringe a scegliere. Mi fa capire che tutto è rovesciato, capovolto. Mi chiede: come procedere?

Devo continuare su questa strada? Abbandonerò l'inglese definitivamente per l'italiano? O tornerò, una volta rientrata in America, all'inglese?

Come ci tornerei? So dai miei genitori che, una volta partiti, si è andati per sempre. Se cesso di scrivere in italiano, se riprendo a lavorare in inglese, mi aspetto di avvertire un altro tipo di smarrimento.

Non posso prevedere il futuro. Preferisco godermi questo momento, il lavoro appena compiuto. Malgrado i dubbi sono molto felice di aver realizzato e pubblicato un libro in italiano. Lavorando sulle bozze italiane per chiudere il testo, mi sono commossa. Si potrebbe dire che sia un libro autoctono, nato e cresciuto qui, anche se l'autrice non lo è.

My journey is coming to an end. I have to leave Rome this year and return to America. I have no desire to. I wish there were a way of staying in this country, in this language.

I'm already afraid of the separation between me and Italian. At the same time I'm aware of a significant, formal distance between me and English, an idiom in which I haven't read for three years. The decision to read only in Italian led me to take this new creative path. Writing comes from reading. Now, in spite of my uneasiness, I prefer to write in Italian. Even if I remain half blind, I can see certain things more clearly. I feel more centered even if I'm adrift. I feel more at home, in spite of the discomfort.

This book leads me to a crossroads. It forces me to choose. It brings home to me that everything is upside down, overturned. It asks me: How to proceed?

Should I continue on this road? Will I abandon English definitively for Italian? Or, once I'm back in America, will I return to English?

How would I return to it? I know from my parents that, once you've left, you're gone forever. If I stop writing in Italian, if I go back to working in English, I expect to feel another type of loss.

I can't predict the future. I prefer to enjoy this moment, the work just finished. In spite of the doubts, I'm very happy to have written and published a book in Italian. Working on the Italian proofs as we closed the text, I felt moved. One could say that it's an indigenous book, born and raised here in Italy, even if the author was not.

Ora *In altre parole* sta per avere un'identità indipendente da me. I primi lettori saranno italiani; si troverà, all'inizio, nelle librerie italiane. Col tempo sarà tradotto, trasformato. L'anno prossimo sarà pubblicato in America, in un'edizione bilingue. Tuttavia avrà radici specifiche, localizzate, benché resti ibrido, un po' fuori schema, un po' come me.

Grazie a questo progetto di scrittura spero che un pezzo di me possa restare qui, ed è consolante, anche se mi auguro che ogni libro al mondo appartenga a tutti, oppure a nessuno, da nessuna parte.

—ROMA, DICEMBRE 2014

In Other Words will now have an identity independent of me. The first readers will be Italians; it will be found, first, in Italian bookstores. In time it will be translated, transformed. Next year it will be published in America, in a bilingual edition. Yet it will have specific, localized roots, although it remains hybrid, slightly outside the frame, like me.

Thanks to this writing project I hope that a piece of me can remain in Italy, and that consoles me, even though I hope that every book in the world belongs to everyone, or to no one, nowhere.

—ROME, DECEMBER 2014

RINGRAZIAMENTI

Ogni libro mi sembra un traguardo irraggiungibile finché non è ultimato, ma questo più di ogni altro. Non ce l'avrei fatta senza l'appoggio e l'attenzione di: Sara Antonelli, Luigi Brioschi, Raffaella De Angelis, Angelo De Gennaro, Giovanni De Mauro, Michela Gallio, Francesca Marciano, Alberto Notarbartolo e Pierfrancesco Romano.

Un ringraziamento particolare a Gabriella Giandelli per le sue illustrazioni delle puntate su «Internazionale»; a Marco Delogu, la cui fotografia ha ispirato il racconto *Penombra*; e al Centro Studi Americani a Roma, luogo dell'anima.

ACKNOWLEDGMENTS

Every book seems to me an unattainable goal until it is finished, but this one more than any other I couldn't have done it without the support and careful attention of Sara Antonelli, Luigi Brioschi, Raffaella De Angelis, Angelo De Gennaro, Giovanni De Mauro, Michela Gallio, Francesca Marciano, Alberto Notarbartolo, and Pierfrancesco Romano.

Particular thanks to Gabriella Giandelli for her illustrations for the chapters that appeared in *Internazionale*; to Marco Delogu, whose photograph inspired the story "Half-Light"; and to the Centro Studi Americani in Rome, a place of the heart.

NOTA SULL'AUTORE

Jhumpa Lahiri è autrice di quattro fortunati libri: *L'inter-prete dei malanni, L'omonimo, Una nuova terra,* e *La moglie.* Ha ottenuto numerosi riconoscimenti: Premio Pulitzer, PEN/Hemingway Award, Frank O'Connor International Short Story Award, Premio Gregor Von Rezzori, il DSC Prize for South Asian Literature, una 2014 National Humanities Medal conferita dal presidente Barack Obama, e il Premio Internazionale Viareggio-Versilia, per *In altre parole.*

NOTA SUL TRADUTTORE

Ann Goldstein è editor al *New Yorker.* Ha tradotto, tra gli altri, Elena Ferrante, Pier Paolo Pasolini, Giacomo Leopardi, e Alessandro Baricco ed è la curatrice della traduzione inglese delle *Opere* complete di Primo Levi. Ha ricevuto il PEN Renato Poggioli Translation Award, una Guggenheim Fellowship, e riconoscimenti dal Ministero degli Affari Esteri e della Cooperazione Internazionale e dall'American Academy of Arts and Letters.

A NOTE ABOUT THE AUTHOR

Jhumpa Lahiri is the author of four works of fiction: *Interpreter of Maladies*, *The Namesake*, *Unaccustomed Earth*, and *The Lowland*. She has received numerous awards, including the Pulitzer Prize; the PEN/Hemingway Award; the Frank O'Connor International Short Story Award; the Premio Gregor von Rezzori; the DSC Prize for South Asian Literature; a 2014 National Humanities Medal, awarded by President Barack Obama; and the Premio Internazionale Viareggio-Versilia, for *In altre parole*.

A NOTE ABOUT THE TRANSLATOR

Ann Goldstein is an editor at *The New Yorker*. She has translated works by, among others, Elena Ferrante, Pier Paolo Pasolini, Primo Levi, Giacomo Leopardi, and Alessandro Baricco, and is the editor of the *Complete Works of Primo Levi* in English. She has been the recipient of the PEN Renato Poggioli Translation Award, a Guggenheim Fellowship, and awards from the Italian Foreign Ministry and from the American Academy of Arts and Letters.

A NOTE ON THE TYPE

This book was set in Janson, a typeface long thought to have been made by the Dutchman Anton Janson, who was a practicing typefounder in Leipzig during the years 1668–1687. However, these types are actually the work of Nicholas Kis (1650–1702), a Hungarian, who most probably learned his trade from the master Dutch typefounder Dirk Voskens.

Composed by North Market Street Graphics, Lancaster, Pennsylvania

Printed and bound by Berryville Graphics, Berryville, Virginia

Designed by Iris Weinstein